V&R

Peter Böhlemann

Wie die Kirche wachsen kann und was sie davon abhält

Vandenhoeck & Ruprecht

Mit 2 Abbildungen
sowie zahlreichen Grafiken und Tabellen

Bibliografische Information der Deutschen Bibliothek

Die Deutsche Bibliothek verzeichnet diese Publikation in der Deutschen Nationalbibliografie; detaillierte bibliografische Daten sind im Internet über <http://dnb.ddb.de> abrufbar.

ISBN 3-525-60424-6

Umschlagabbildung:
Architects and builders working on completing the Church of the Sagrada Familia, Barcelona
© Jeff Albertson/CORBIS

Printed in Germany.
Satz: weckner media+print GmbH, Göttingen
Druck und Einband: Hubert&Co., Göttingen

Gedruckt auf alterungsbeständigem Papier.

Inhalt

Vorwort: Ich glaube an die Kirche…

Dieses Buch ist aus drei Gründen entstanden.

Erstens, ich glaube an die Kirche.

Neulich im Gottesdienst … Wieder einmal bemühte ich mich, die Liturgie und die Gebete nicht nur einfach mitzusprechen, sondern wirklich Anteil an ihnen zu nehmen. Und plötzlich blieb ich innerlich an eben diesem einem Satz hängen: „Ich glaube an die christliche Kirche…“. In einer reformierten Gegend aufgewachsen waren meine Gedanken an dieser Stelle sonst immer an dem fehlenden „allgemeine“ („Ich glaube an die heilige, *allgemeine,* christliche Kirche“) ausgerichtet, aber jetzt wurde mir zum ersten Mal wirklich bewusst, was ich da Sonntag für Sonntag eigentlich sagte – in Zeiten von Mitgliederschwund, Finanzknappheit und Selbstmarginalisierung von Kirche. Jawohl, ich glaube an die Kirche. Immer noch!

Zweitens, ich habe Hoffnung für die Kirche.

Es waren einerseits die inspirierenden Erfahrungen und Begegnungen in wachsenden Gemeinden bei mehreren Besuchen in der anglikanischen Kirche und andererseits zahlreiche Gespräche und Fortbildungen mit Pfarrerinnen und Pfarrern und anderen Mitarbeitenden der deutschen Kirchen zu den Themen Gemeindeaufbau und Leitung, die mich immer intensiver mit diesem Thema konfrontierten. Kirche kann und wird wachsen. Wie und unter welchen Bedingungen das geschieht, möchte ich benennen.

Drittens, ich liebe diese Kirche.

Ja, ich liebe diese Kirche und leide darunter, wie langsam und schwierig sich Veränderungsprozesse in der kirchlichen Realität gestalten. Deshalb tut es mir auch weh, wenn ich sehe, wie wir ohne bösen Willen Wachstum verhindern. Hier bedarf es erheblicher Bemühungen. Und eigentlich dürften wir uns erst dann ruhig schlafen legen und den Herrn sein Haus bauen lassen, wenn wir die Wachstums-Hindernisse weitgehend beseitigt haben.

Nun haben es schon viele unternommen, kluge Bücher zum Gemeindeaufbau einerseits und zur Organisationsentwicklung der Kirchen andererseits zu verfassen. Es gibt Konzepte, Theorien, gelehrten Streit, sogar ausreichend Handlungsdruck, – und nichts geschieht. Jedenfalls nichts Augenscheinliches, Flächendeckendes, Gewaltiges, auch nur im Ansatz mit den Veränderungen in wachsenden Gemeinden Vergleichbares. Der Paradigmenwechsel in der Kirche ist lange angemahnt und überfällig. Nur, wie kann er endlich gelingen und wohin genau soll er gehen?

Manchmal hilft ja der Blick von außen. Und so waren es besonders ökumenische Gäste in meiner Heimatkirche und die Hilfe der anglikanischen Geschwister, die mir zu der Erkenntnis verhalfen, dass es im Grunde genommen nur wenige Prinzipien sind, die Wachstumsprozesse in der Kirche auch in der heutigen postmodernen Zeit ermöglichen.[1] Die intensive Arbeit in der Fortbildung von Pfarrerinnen und Pfarrern und ehrenamtlich Mitarbeitenden andererseits hat den Blick geschärft für die aktuellen Hemmnisse, die dem entgegenstehen.

1 Der anglikanischen Kirche ist mit ihrem Report „MISSION-SHAPED CHURCH" eine großartige Zusammenstellung der Prinzipien gelungen, die sich trotz des dramatischen Rückgangs an Finanzen und Mitgliedern in den letzten zwanzig Jahren als wachstumsfördernd erwiesen haben.

Entscheidend für die Lektüre dieses Buches ist die Frage, ob wir den Mut und die Kraft zu echten Veränderungen in der Kirche haben. Dabei ist es unerheblich, ob das ein oder andere Prinzip für Gemeindewachstum anders zu benennen oder zu beschreiben wäre. Ich schreibe diese Zeilen in der festen Überzeugung, dass eine Gemeinde oder kirchliche Einrichtung wachsen wird, sobald sie sich an einige dieser Prinzipien hält.[2]

Zu danken habe ich Gott, meiner Frau Gabriele Böhlemann, den Freunden vom Spirituellen Gemeindemanagement[3]: Prof. Dr. Michael Herbst, Bischof Dr. Hans-Jürgen Abromeit, Klaus-Martin Strunk und Pfr. Hans-Jürgen Dusza.

Villigst, im März 2005

Peter Böhlemann

2 Anmerken möchte ich noch folgendes Déjà-vu-Erlebnis. Ein Kollege aus dem Rheinland, Hans-Herrmann Pompe vom Amt für Gemeindeentwicklung und Missionarische Dienste in Wuppertal, hatte mir vor einigen Monaten das Arbeitsbuch für Gemeinden „Die neue Reformation" mit der Bitte um Rückmeldung zukommen lassen. Ich kam aber erst dazu, es anzusehen, nachdem ich das Manuskript zu diesem Buch fertiggestellt hatte. Ich hatte zwar schon von dem Buch von Klaus Douglass gehört, auf das sich dieses Arbeitsbuch bezieht, es aber noch nicht gelesen. Nun war ich völlig überrascht, dass sich seine 96 Thesen ebenfalls auf 12 Prinzipien reduzieren lassen und diese zu einem nicht geringen Teil mit meinen Gedanken übereinstimmen. Da ich aber nicht von ihm abgeschrieben habe, ja das Buch nicht einmal gelesen hatte, lässt dies meines Erachtens nur den Schluss zu, dass wir beide Recht haben oder gemeinsam irren. Das Urteil darüber überlasse ich gerne den geneigten Lesern.

3 Abromeit/Böhlemann/Herbst/Strunk: Spirituelles Gemeindemanagement.

I. *Wie die Kirche wachsen kann…*

Vor einer Beschäftigung mit der Frage, wie die Kirche wachsen kann, muss eine Vergewisserung darüber geschehen, wer sie wachsen lässt. Ich halte es da mit Paulus: *„So ist nun weder der pflanzt noch der begießt etwas, sondern Gott, der das Gedeihen gibt.“* (1 Kor 3,7). Gott selbst stiftet seine Gemeinde durch sein Wort in Christus und erhält und fördert sie durch seinen Geist. Eine solche Vergewisserung kann vor dem Wahn bewahren, selber Schöpfer zu spielen und Gemeinde Christi „machen“ oder bauen zu wollen. Wachstum unter der Herrschaft Gottes lässt sich nicht *machen,* es geschieht, sozusagen über Nacht und ohne unser Zutun.[1]

Dennoch – und deshalb schreibe ich diese Zeilen – gibt es bestimmte Faktoren, die für christliche Gemeinde sozusagen wachstumsfördernd oder wachstumshemmend wirken. Gemeinden können Wachstum mehr oder weniger zulassen, und es gibt auch deutlich Faktoren, die Wachstum behindern. Meines Erachtens ist das der tiefere Sinn des Gleichnisses vom Sämann, in dem Jesus beschreibt, wie sich die Herrschaft Gottes ereignet (Mk 4,1–9). Es gibt Faktoren, die Wachstum stören (schräge Vögel, felsiger Boden, erstickende Dornen) oder eben fördern (gutes Land). Aber auch auf gutem Boden bringt einiges dreißigfach, einiges sechzigfach und einiges hundertfach Frucht. Das heißt, wir können Gott bitten, dass er uns guter Boden sein lässt, vielleicht auch noch, dass er uns die notwendigen Techniken des Bewässerns und Düngens zeigt, – mit Taufe und Abendmahl begeben wir uns da auf einem guten Weg, – aber wie sein Reich unter uns wächst und welche Früchte es zuerst bringt, dass liegt nicht in unserer Verfügbarkeit.

1 Vgl. Jesu Gleichnis von der selbstwachsenden Saat in Mk 4,26–29.

Was das Wachstum ausmacht und woran es zu erkennen ist, das lässt sich relativ einfach und mit großer Übereinstimmung in vielen Gemeinden beschreiben. Die zwölf von mir im Folgenden genannten Faktoren sind deshalb keineswegs beliebig. Aber sie erheben keinen Anspruch auf Vollständigkeit, und ihre Reihenfolge ist lediglich gewählt, weil sie mir so in der Darstellung sinnvoll erschienen. Ich glaube auch nicht, dass es bessere oder schlechtere Gemeinden gibt, je nachdem, wie viele dieser Faktoren bei ihnen zutreffen. Es gibt keine guten oder schlechten Gemeinden im Reich Gottes! Wir sind alle schlecht, aber gerechtfertigt. Und *jeder* Gemeinde, die Gemeinde Jesu Christi ist, ist Wachstum verheißen, unabhängig davon, wo sie in ihrem Entwicklungsprozess steht.

Deshalb lehne ich auch die Idee eines so genannten „Minimumfaktors" ab[2]. Danach sollen Gemeinden mit einer auf Wachstum orientierten Prioritätensetzung bei ihrem schwächsten Punkt beginnen. Meiner Einschätzung nach gibt es dafür keinen zwingenden Grund. Es ist ebenso richtig, wenn eine Gemeinde das Gebet neu entdeckt, wie wenn sie anfängt, Träume und Visionen von Gottes Zukunft mit seiner Kirche zuzulassen, oder wenn sie die Armen neu in den Blick nimmt, oder einfach nur bewusst beginnt, Feste zu feiern und an der Gemeindekultur zu arbeiten.

Aber wieso soll Kirche eigentlich *wachsen?* Ist das nicht modernes Leistungsdenken? Immer mehr, immer besser, immer größer? Nein, Wachsen ist etwas Natürliches, es ist Leben. Leben bedeutet Wachstum. Was nicht wächst – und sei es nur zur Zellerneuerung – lebt nicht.

Deshalb ist es nicht nur aus der landwirtschaftlich orientierten Umwelt Jesu, sondern auch aus der Sache heraus zu erklären, dass er zur Beschreibung der Gottesherrschaft eine Pflanzenmetaphorik verwendet wie „Saat, Senfkorn, Baum, Frucht"; wobei er den Akzent auf das „geschenkte" Wachstum

2 Vgl. MEWES: Managementlehre, 20f, und SCHWARZ: Gemeindeentwicklung, 54f, der Mewes fast wörtlich übernimmt, ohne dies jedoch anzugeben. Zur kritischen Auseinandersetzung damit vgl. Plock/Kälber: Gemeindeentwicklung, 6.

legt. An diese Bildsprache knüpft die Apostelgeschichte mit ihren „Wachstumsnotizen“ an. Auch Paulus bezeichnet die Gemeinde als „Leib Christi“,[3] „Gottes Ackerfeld“, „Bau“ und „Tempel“,[4] wo alles „zum Aufbau“ geschehen soll.[5]

Wenn wir in der Bibel Stellen suchen, in denen etwas über die Art der Herrschaft Gottes in seiner Kirche gesagt wird, also darüber, wie Menschen sich als Gruppe adäquat der liebenden Zuwendung Gottes gegenüber verhalten, dann finden sich fast nur Texte, die etwas mit Wachstum zu tun haben oder sich in der Wachstumsmetaphorik bewegen. Dass die Herrschaft Gottes auf Erden kleiner wird und schrumpft oder abstirbt, ist nur in Ausnahmefällen, nämlich als Strafgericht Gottes, vorgesehen.[6]

Das Bild des Wachstums ist deshalb so hervorragend geeignet zu beschreiben, was Gott von seiner Gemeinde will und durch seinen Geist bewirkt, weil es göttliche Verheißung und menschliches Tun in die rechte Balance setzt und gerade falschem Machbarkeitswahn oder Leistungsdenken wehrt.[7]

Jemand, der Blumen gießt und düngt, sie beschneidet und pflegt, der fördert deren Wachstum, aber er *bewirkt* es nicht. Tatsächlich lässt sich am organischen Wachstum selbst in der modernen Welt noch die Grenze menschlichen Handelns zeigen. Wir können lebende Zellen zur Teilung veranlassen, wir können Zellteilungen verhindern, aber wir können – Gott sei Dank – nicht eine kleine lebende Zelle künstlich herstellen.

3 1 Kor 12,27; Röm 12,5; vgl. Eph 4,4; 4,25.

4 1 Kor 3,16; 2 Kor 6,16.

5 1 Kor 14,26.

6 Der Auftrag Jeremias, neben Bauen und Pflanzen auch abzureißen und zu zerstören (vgl. Jer 1,10) bezieht sich auf Gottes Gericht über die Völker und nicht auf die „geistliche Erneuerung des Pfarrerstandes“ wie Christian Möller in seiner „Lehre vom Gemeindeaufbau“ meint, 257.

7 Rudolf Bohren bezeichnet das als „theonome Reziprozität“ und meint damit das von Gottes Geist bestimmte Tun des Menschen etwa in der Verkündigung. „Theonome Reziprozität ist der Wechsel vom ‚Ich‘ zum ‚wir‘.“ (Bohren: Gott, 69). Gottes Wort bewirkt ein Verhalten zu ihm hin. Ich verstehe den Begriff „Gemeindewachstum“ in diesem Bohrenschen Sinne. Wir tun, was wir können, und doch ist alles, was wir geistlich bewirken können, schon im Vollzug nur Geschenk und Frucht seines Heiligen Geistes.

Auf die Frage, wieso die Kirche wachsen soll, bleibt also nur das Bekenntnis: Gott hat uns Leben verheißen. Sein Sohn ist darum für uns gestorben, damit wir leben. „Ist jemand in Christus so ist er eine neue Kreatur; das Alte ist vergangen, siehe, Neues ist geworden." (2 Kor 5,17) Und Menschen unter der Herrschaft Gottes, Gemeinden und Kirchen, stehen unter der Verheißung des Senfkorns, „das ein Mensch nahm und in seinen Garten säte; und es wuchs und wurde ein Baum, und die Vögel des Himmels wohnten in seinen Zweigen." (Lk 13,18)[8] Selbst die „schrägen Vögel", die eben noch die ausgesäten Samenkörner fraßen, haben ihren Ort gefunden.

... auf den Punkt gebracht:

Gottes Gemeinde muss nicht zu allen Zeiten und an jedem Ort immer *größer* werden. Aber sie soll leben, denn das ist ihre Verheißung – und nicht der Tod! Sie soll leben und wachsen in allen Stücken – zu dem hin, der das Haupt ist (Eph 4,15).

8 Vgl. nur bei Lukas auch das vorhergehende „Wachstumsgleichnis" in Lk 13,6–9.

Von der Vision ergriffen sein

In England begegnete mir der treffende Ausdruck: *You must be caught by the vision.* Dahinter steckt die einfache, aber einleuchtende Einsicht, dass ohne innere Überzeugung und eine von Außen eingepflanzte Zukunftsschau keine wirklichen Wachstums- oder Veränderungsprozesse möglich sind.

In vielen Management-Büchern zu vergleichbaren Themen und auf zahlreichen Internetseiten von Organisationsentwicklern und Unternehmensberaterinnen wird Antoine de Saint-Exupéry zitiert:[9]

> „Wenn Du ein Schiff bauen willst, fange nicht an Holz zusammenzutragen, Bretter zu schneiden und Arbeit zu verteilen, sondern wecke in den Männern die Sehnsucht nach dem großen, weiten Meer.“

Ein schönes Zitat, doch möchte ich als „Landratte“ auch auf die Kraft biblischer Visionen verweisen: Etwa die Vision von dem Land, in dem Milch und Honig fließt, eine Vision, die dem ängstlichen Volk Israel Mut machen soll, das nur noch in der Wüste sterben oder zurück nach Ägypten will.

> Und Josua, der Sohn Nuns, und Kaleb, der Sohn Jefunnes, die auch das Land erkundet hatten, zerrissen ihre Kleider und sprachen zu der ganzen Gemeinde der Israeliten: Das Land, das wir durchzogen haben, um es zu erkunden, ist sehr gut. Wenn der HERR uns gnädig ist, so wird er uns in dies Land bringen und es uns geben, ein Land, darin Milch und Honig fließt. Fallt nur nicht ab vom HERRN und fürchtet euch vor dem Volk dieses Landes nicht. (Num 14,6–9a)

9 „Quand tu veux construire un bateau, ne commence pas par rassembler du bois, couper des planches et distribuer du travail, mais réveille au sein des hommes le désir de la mer grande et large.“ Häufig wird allerdings eine andere freiere Übersetzung zitiert: „Wenn Du ein Schiff bauen willst, so trommle nicht Männer zusammen, um Holz zu beschaffen, Werkzeuge vorzubereiten, Aufgaben zu vergeben und die Arbeit einzuteilen, sondern lehre die Männer die Sehnsucht nach dem weiten endlosen Meer.“ Vgl. zu diesem Motiv auch die Ausführungen von Saint-Exupéry: Citadelle, 308f.

Genannt seien auch die Visionen der Propheten, das Bild vom neuen Jerusalem und schließlich die unglaubliche und überwältigende Vision Jesu von der Herrschaft Gottes mitten unter uns.

Jesus beginnt bei Lukas seine Tätigkeit in der Wüste. Dort gaukelt ihm der Teufel verschiedene Träume vor (Lk 4,1–13). Aber es sind nicht die Träume von Wohlstand, Macht und Ruhm, die zur Antriebsfeder für Jesu Handeln werden. Lukas lässt schon in der ersten öffentlichen Predigt Jesu dessen Vision und sein daraus abzuleitendes innere Leitbild deutlich werden:

> Da wurde ihm das Buch des Propheten Jesaja gereicht. Und als er das Buch auftat, fand er die Stelle, wo geschrieben steht: „Der Geist des Herrn ist auf mir, weil er mich gesalbt hat, zu verkündigen das Evangelium den Armen; er hat mich gesandt, zu predigen den Gefangenen, dass sie frei sein sollen, und den Blinden, dass sie sehen sollen, und den Zerschlagenen, dass sie frei und ledig sein sollen, zu verkündigen das Gnadenjahr des Herrn." Und als er das Buch zutat, gab er's dem Diener und setzte sich. Und aller Augen in der Synagoge sahen auf ihn. Und er fing an, zu ihnen zu reden: „Heute ist dieses Wort der Schrift erfüllt vor euren Ohren." (Lk 4,17–21)

Das war die Vision Jesu! Ihr Inhalt ist nicht nur durch die Feststellung bestimmt, dass er der geisterfüllte Messias Gottes war, sondern auch durch „Evangelisierung", nämlich die Verkündigung der Befreiung der Gefangenen, der Heilung der Blinden, der Aufrichtung der Niedergeschlagenen und der Erlassung aller Schulden. Es ist der Traum Gottes vom Menschen. Jesus träumt, predigt und lebt diesen Traum. Und er sieht im Menschen nicht den von Satan gefesselten Sünder, nicht die verkrümmte Kranke, nicht den blinden Bartimäus oder den armen Lazarus, auch nicht den kleinen miesen Zachäus, sondern aufrechte Söhne und Töchter Abrahams, Kinder Gottes, seine Brüder und Schwestern.

Natürlich können Visionen auch Trugbilder oder allzu menschliche Wunschträume sein. Davon sollten wir uns allerdings verabschieden, wenn wir von der Zukunft der Kirche Jesu Christi sprechen. In der Kirche brauchen wir *getaufte* Visionen, Hoffnungsbilder, die uns der göttliche Geist schenkt und die Sinn und Geschmack für die Schönheit des Reiches Gottes wecken. Solche Visionen drängen danach geteilt – mitgeteilt zu werden. Visionen sind noch keine Leitbilder, aber sie lassen sie entstehen. Die Sehnsucht nach dem großen weiten Meer sagt mir noch nicht, wie das Schiff gebaut werden muss, aber sie gibt mir die Kraft dazu. Die Schilderung des Landes, in dem Milch und Honig fließt, sagt noch nichts darüber, wie Israel hineinkommt, und die Gleichnisse vom Reich Gottes versetzen uns noch nicht an seine Seite.

Aber wenn Christen einer Gemeinde anfangen, ihre Visionen zu teilen, wenn geistbegabte Leiterinnen und Leiter mit anderen zusammen träumen, dann entstehen Leitbilder, aus denen sich Ziele für die konkrete Gemeindearbeit ableiten lassen. Vereinfacht ließe sich sagen, geteilte Visionen lassen Leitbilder entstehen. Kommunizierte Leitbilder helfen bei der konkreten Maßnahmenfindung und Zielplanung einer Gemeinde.

Der laute Ruf nach mehr Visionären wäre aber nun völlig fehl am Platz. In der Kirche des 21. Jahrhunderts brauchen wir keine Führerinnen oder Führer, die Visionen haben und stark genug sind, diese umzusetzen. Was wir brauchen, sind Männer und Frauen, die von der Vision Gottes und seiner Herrschaft ergriffen sind *(caught by the vision)* und die Kompetenz haben, sie mit anderen zu teilen.

Was ich hier zu beschreiben versuche, ist das vielleicht wichtigste Prinzip, um unsere Gemeinden zu verändern.[10] Gemeinde leiten können nur Menschen mit Visionen und Teamfähigkeit. Wer keine Visionen hat und sie auch nicht bei anderen wachrufen und mitteilen kann, sollte nicht leiten – keine Gemeinde, keine Kirche, keine Kleingruppe.

Ohne Vision keine Mission, ohne Vision bleibt alles Wachstum ziellos, ohne Vision bleiben selbst gut gemeinte Gemeindeaufbaubemühungen und kirchliche Reformbestrebungen Stückwerk.

Mir ist durchaus bewusst, dass das pfarramtliche Pflichtprogramm und die aktuellen Aufgaben der Gemeindeleitung von finanziellen Kürzungen, über Entlassungen zu Fusionen und Frustrationen faktisch keinen Spielraum lassen zum Träumen

10 Vgl. auch WARREN: Kirche mit Vision.

und Entwickeln oder besser Empfangen von Visionen. Im Grunde bewirkt die gemeindliche Wirklichkeit häufig genau das Gegenteil: Sie stört unsere Empfangskanäle und lässt Visionen gar nicht erst zu. Der objektive Handlungsdruck und das subjektive Gefühl, nie genug zu tun, vermischen sich zu einem Dickicht von Fehlentscheidungen und emotionalen Überlastungen. Immer mehr Pfarrerinnen und Pfarrer reagieren mit dem Burn-out-Syndrom, andere hauptamtliche Mitarbeiter vollziehen die innere Kündigung, Ehrenamtliche verlassen das ihrer Meinung nach sinkende Schiff, und kurzfristig engagierte Unternehmensberater zitieren die alte Dakota-Weisheit: „Wenn du merkst, dass du auf einem toten Pferd reitest, dann steig ab."

Insgesamt führen Sparzwang, Mitgliederstagnation und Veränderungsdruck einerseits und das schwelende Gefühl des persönlichen Ausgebrannt- und Überfordertseins andererseits geradezu zu einer *Paralysierung* der Kirchen und Freikirchen. Und es bleibt eigentlich nur zu hoffen, dass es sich dabei lediglich wie in Mk 2,1–12 um eine *halbseitige* Lähmung handelt. Wie bei diesem Wunderbericht sehen wir heute vielleicht zu stark auf den am Boden liegenden Gelähmten und nehmen weder die Kraft der Vision seiner Freunde wahr, noch fällt uns auf, was Jesus in diesem Menschen sieht, welchen Traum Gott von diesem Sünder träumt. Er sieht in ihm das, wozu er ihn bestimmt hat, sein befreites, aufgerichtetes und liebenswertes Kind.

Die fast vollständige Lähmung der Kirche werden wir erst überwinden, wenn sich einige Freunde finden, die an ihre Heilung glauben und die Vision haben, dass sie aufstehen wird und heimgehen. Wir erfahren von dem Gelähmten nichts über seinen Glauben, nur dass er ein Sünder war, aber wir erfahren etwas über den Glauben derjenigen, die ihn zu Jesus bringen. Sie hatten eine Vision und haben sie geteilt. Diese geteilte Vision setzt Phantasie und Energie frei. Sie nutzen die vorhandenen Strukturen, steigen den anderen auf das Dach und sind bereit, die alten Strukturen partiell zu durchbrechen. Sie brechen das Dach des Versammlungshauses an der richtigen Stelle auf und reizen Jesus zur Tat. Objektiv gesehen hatten sie keine Chance, wahrscheinlich auch nicht genug Geld, nicht einmal freien Zugang zu Jesus. Aber sie hatten die Kraft ihrer Vision und ein Ziel. Und wo beides auf die Liebe Gottes trifft, wächst die Kirche.

Martin Luther King hat die Kraft seiner von Gott geschenkten Vision am 28. August 1968 in historische Worte gekleidet:

I Have a Dream … (Martin Luther King)

Ich habe den Traum, dass meine vier kleinen Kinder eines Tages in einer Nation leben, in der sie nicht nach der Farbe ihrer Haut, sondern nach dem Gehalt ihrer Gesinnungen beurteilt werden. Ich habe den Traum heute! …

Ich habe den Traum, dass eines Tages jedes Tal erhöht, jeder Berg und Hügel abgetragen werden, alle Unebenheiten geebnet, alles Gewundene begradigt wird. Und die Herrlichkeit des Herrn wird offenbar werden, und alles Fleisch wird es sehen. Das ist unsere Hoffnung.

Mit diesem Glauben kehre ich in den Süden zurück. Mit diesem Glauben sind wir imstande, aus den Bergen der Verzweiflung den Stein der Hoffnung zu hauen. … Mit diesem Glauben werden wir fähig sein, zusammen zu arbeiten, zusammen zu beten, zusammen zu kämpfen, zusammen ins Gefängnis zu gehen, zusammen für die Freiheit aufzustehen – in dem Wissen, dass wir eines Tages frei sein werden.

Nun sind wir keine Martin Luther Kings und auch keine Bill Gates, dessen Vision vom Personal-Computer in jeder Familie ja auch die Welt verändert hat. Unsere Visionen müssen vielleicht viel kleiner und bescheidener ausfallen, aber wir brauchen Zeit und Muße und auch den Willen, Visionen zu bekommen, die Teil haben an der Herrschaft Gottes. Wir müssen weder den Wind, noch die Wellen machen, lediglich Gott zutrauen, dass er uns über das Meer trägt – in seinem Boot, an dem wir mitbauen dürfen.

Noch mal: Wir brauchen keine starken visionären Führer. Selbst wenn es sie gäbe, wären wir alle viel zu aufgeklärt und kritisch, ihnen zu folgen. Wir brauchen vielmehr kirchliche und gemeindliche Strukturen, die Raum und Zeit geben, den Traum Gottes zu entdecken. Wir brauchen inspirierte und gebildete Theologinnen, die uns helfen, die biblischen Visionen wiederzuentdecken und den göttlichen Verheißungen zu vertrauen. Wir brauchen Leiterinnen und Leiter, die von der Vision ergriffen und kompetent genug sind, diese zu kommunizieren und Prozesse in ihren Gemeinden zu moderieren, die Leitbilder entstehen lassen und in konkrete Maßnahmen münden.

Ich habe in vielen Gemeinden und Leitungsgremien Perspektivberatungen durchgeführt[11] und nicht selten Kirchenvorstände erlebt, die nach Jahrzehnten Tätigkeit in der Kirche zum ersten Mal gefragt wurden, von welcher Gemeinde sie eigentlich träumen und was ihre Wünsche für die konkrete Zukunft ihrer Gemeinde sind. Hier liegt eine der dringlichsten Aufgaben für die Zukunft der Kirche. Wir müssen gemeinsam Visionen entdecken, keinen Hirngespinsten oder frommen Illusionen nachrennen, sondern biblisch-theologisch fundiert und methodisch prozessorientiert abgesichert nach möglichst konkreten Leitbildern für unsere Gemeinden suchen!

Was für die Wichtigkeit von Visionen für Leitungspersönlichkeiten in der Kirche gilt, weiß jede Predigthörerin und jeder Predigthörer bewusst oder unbewusst schon lange. Eine Predigerin kann rhetorisch überaus geschickt sein, ein Prediger mag alle wichtigen Regeln der Homiletik beherrschen, wenn die Zuhörenden nicht das Gefühl haben, sie oder er hat eine Vision von dem, was Gott zu sagen hat, verändert sich nichts. Und Vision meint in diesem Zusammenhang genau das, was Saint Exupéry beschreibt, einen Geschmack, eine Sehnsucht nach dem Unendlichen. Es muss nicht Milch und Honig, es kann auch Brot und Wein sein, die diese Vision nähren. Als Predigthörer will ich nicht „angepredigt" oder „belehrt" werden, ich will mit hinein genommen werden in die Faszination und das Erschrecken über eine wahrhaftige Schau des lebendigen Gottes.

Vision bedeutet in unserem Zusammenhang Anschauung der Wirklichkeit Gottes. Deshalb sind Visionen so wichtig, denn hinter ihnen stehen Menschen mit der Erkenntnis, dass Gott wirklich wirkt, und mit einer Idee, was und wie das sein könnte, was er wirkt. Es sind Menschen, die mit der Absicht Gottes rechnen, sein Reich nicht erst in ferner Zukunft zu errichten; Menschen, die jenseits von Naivität oder Weltfremdheit zusammen mit anderen nach dem Plan Gottes für ihre Gemeinde suchen und ihn finden.

11 Vgl. zur Perspektivberatung das Buch von HANS-JÜRGEN DUSZA: Schritte nach vorn – Wie Gemeinden Zukunftsperspektiven entwickeln, und meinen Aufsatz: Biblische Visionen für die Gemeindeentwicklung.

...auf den Punkt gebracht:

Eine Kirche ohne Visionen hat aufgegeben, mit der Wirklichkeit Gottes ernsthaft zu rechnen. Sie erstickt in Notwendigkeiten. Eine Kirche mit Visionen *ist* die Wirklichkeit Gottes. *Er* hat sie nicht aufgegeben.

Der Ententeich[12]

Es war einmal ein Ententeich. In ihm schwammen ziemlich viele Enten hin und her und her und hin. Es ging ihnen gut. Das Wasser war klar und schmeckte. Und sie verbrachten den lieben langen Tag damit, sich etwas zu Essen zu suchen und zwischendurch davon auszuruhen.

Im Winter, wenn es kalt wurde, und das Wasser zuzufrieren drohte, machten sie sich auf und zogen gegen Süden in wärmere Gefilde. Und im Frühjahr kamen sie zurück, genossen das frische Wasser im Ententeich und träumten von ihren Ferien am Mittelmeer.

Die Enten auf dem Ententeich hatten so wenige Feinde und es ging ihnen so gut, dass ihre Zahl langsam wuchs. Es war dann gelegentlich etwas beschwerlich, die Essenssuche zu organisieren. Aber es klappte. Jeder wurde satt.

Trotzdem machten einige eines Tages die Entdeckung, dass die Menschen, die um den Teich spazieren gingen, ihnen Brotstückchen ins Wasser warfen, man musste nur lange genug neben ihnen her schwimmen und jämmerlich quaken. Zunächst waren es nur einige Spezialisten, doch dann stellten sich alle Enten auf dieses bequeme Zubrot von außen ein. Mit der Zeit fanden es alle viel bequemer, auf diese Weise satt zu werden, so dass sie sich nach und nach auf die neue Form der Ernährung einstellten.

Die Enten wurden lediglich etwas dicker, vermehrten sich aber immer noch. Bis eines Tages einige Enten die Idee hatten, die mühsame Reise in den Süden sein zu lassen. Hatte sie es doch zu Hause viel bequemer. Es wurde zwar kalt, aber die Menschen sorgten schon für sie.

12 Diese kleine Geschichte von mir wurde zum erstenmal so ähnlich veröffentlicht in: BÖHLEMANN, Simon: 97f.

So hörten auch die übrigen Enten damit auf, sich ein anderes Winterquartier zu suchen, und sie verlernten das Fliegen. Gelegentlich drehte eine Ente noch mal ein oder zwei Runden überm Ententeich, um den anderen zu imponieren. Aber es war aufgrund des Gewichts doch zunehmend beschwerlich, solche Eskapaden zu wagen. Und so richtete man sich ein auf dem Ententeich und wurde träge. Anfangs träumten noch einige Enten vom Flug in den Süden, aber nach und nach verlernten sie auch das Träumen.

Dann geschah etwas, womit keiner gerechnet hatte. Die Zahl der Enten ging zurück. Und Keiner wusste genau, woran es lag. Hatte man in guten Zeiten doch sogar die Enten auf dem Teich östlich von unserem unterstützt. Und nun wurden die Zeiten schlechter, und keiner hatte es vorhergesehen oder Vorräte angelegt.

Der Teig fror zu, so dass einige Enten, die nicht behände genug waren, um ans Land zu hopsen, auf dem Eis festfroren und elend zugrunde gingen. Die Menschen hielten sich aus unerklärlichen Gründen immer mehr mit ihren Fütterungen zurück. Das Brot blieb aus.

Insgesamt – wie man sich vorstellen kann – wurde die Stimmung auf unserem Teich immer schlechter. Es gab Initiativen, einigen Enten Schwimmverbot zu erteilen. Andere beschlossen, keine jungen Enten mehr großzuziehen. Manche waren dagegen, man einigte sich auf ein strenges Auswahlverfahren. Und dann wurde eine Petition an die Menschen verfasst, sie könnten doch nicht einfach das historische Recht der Enten auf Fütterung dermaßen unterlaufen.

Die verschiedenen Aktionen halfen wenig. Kaum eine Ente identifizierte sich noch mit ihrem Teich. Manche wollten auswandern, andere quakten nur noch herum, obwohl sie sich alle noch ganz gut über Wasser hielten.

Irgendwann hatte eine Ente eine Vision. Sie träumte vom Fliegen und erzählte von ihrem Traum, so brachte sie den anderen wieder das Träumen bei. Eine andere Ente war davon so begeistert, dass sie erste Flugversuche in Richtung Süden unternahm. Und dann flogen sie, sie träumten und flogen.

Kirche wird durch Beziehungen gebaut

Wieder war es so ein kleiner unscheinbarer Satz, der uns in England in wachsenden Gemeinden begegnete. Wir, eine Gruppe von Theologinnen und Theologen, wollten herausfinden, nach welchen Prinzipien Church Planting, also das Pflanzen von Gemeinden funktioniert. Natürlich haben wir besonders die Gemeinden besucht, in denen der Erfolg augenscheinlich war, und fast ebenso natürlich waren wir auf der Suche nach irgendeinem Geheimnis, einer Art Zauberformel … Aber es gab keine Zauberformel, nichts Revolutionäres, Neues noch nie Gedachtes oder Ausprobiertes. Nur dieser eine Satz begegnete uns immer wieder: *Church is built by relationships.* – Kirche wird durch Beziehungen aufgebaut.

Theoretisch ist dieser Satz leicht zu widerlegen, denn er gilt ja für jeden Verein. Kirche ist doch mehr als das Beziehungsgeflecht ihrer Mitglieder! Aber dieser Einwand wäre zu billig. Tatsächlich ist die Kirche auf Beziehungen gegründet und erbaut – auf Gottes Beziehung zu uns und unsere Beziehung untereinander.

Betrachtet man einmal gründlich die zentralen theologischen Begriffe der Bibel wie Gerechtigkeit, Friede, Gnade, Liebe, Bund, Treue – so lassen sie sich immer in ihrem Kern auf die Beziehung Gottes zum Menschen und dem daraus ermöglichten Verhalten der Menschen zurückführen. Weil Gott uns liebt, können und sollen wir lieben. Weil er die Treue hält, können wir vertrauen. Weil wir gerecht gesprochen sind, können wir Gerechtigkeit üben. Die Beziehung, die Gott zu uns Menschen sucht, hat aber nicht nur einen grundsätzlichen Charakter, sie ist persönlich. Er lässt sich bei seinem Namen nennen und kennt uns und gibt uns unseren Namen.

Jesus selbst hat seine Jünger unter Menschen ausgesucht, die er kannte und die ihm vertrauten. Trotz seines Auftrages und seiner Vision von der Befreiung der Gefangenen macht Jesus es sich nicht schwerer als nötig. Er beginnt nämlich nicht damit, seine Gegner zu überzeugen oder Fernstehende zu gewinnen, sondern die ersten Jünger kommen aus seiner Gegend, sind seine Freunde. Er bittet sie um Hilfe und hilft ihnen bei der Arbeit[13]. Bei Simon und seinem Bruder Andreas hatte er schon gegessen und kannte die familiären Verhältnisse, Matthäus und Levi laden ihn sofort zum Essen ein, von Jakobus und Johannes kannte er den Vater. Selbst Nathanael staunt, als er erfährt, wie gut Jesus über ihn informiert war (Joh 1,43–51). Und Petrus, der erste Amtsträger der Kirche, wird dreimal nach seiner Beziehung zu Jesus gefragt („Hast du mich lieb?") und erhält darauf dreimal den Auftrag: „Weide meine Schafe!" (Joh 21,15–17). Jesus baut seine Gemeinde durch Beziehungen. Nur so ist seine Bemerkung über seine wahre Verwandtschaft (Mk 3,31–35) zu verstehen.

In England konnten wir erleben, wie so ein unscheinbarer Satz an Farbe gewinnt: *Church is built by relationships.* Es ging durch alle Gemeindeprägungen hindurch. Menschen wurden nicht durch Überzeugung, Evangelisation oder Mitgliederwerbung gewonnen, sondern dadurch, dass sie in Beziehungen kamen. Beim Alpha-Kurs in Holy-Trinity-Brompton, der Geburtsstätte einer weltweiten Glaubensalphabetisierung, gehören stabile Kleingruppen zu einem wesentlichen Kurselement. Eine Kleingruppe wird von ein bis zwei Mitarbeiterinnen oder Mitarbeitern begleitet. Jeder Abend beginnt mit einem gemeinsamen warmen Essen, es folgt Musik, dann ein Referat zu einem wichtigen Thema des Glaubens und schließlich die Gesprächsphase in den Kleingruppen. Die Mitarbeitenden werden natürlich vorher trainiert. Ihre Aufgabe ist es, die Gesprächsgruppe mit sich einander meist noch unbekannten Menschen zu leiten. Und die wichtigste Regel lautet: Gebt keine Antworten auf Glaubensfragen! Sagt den Leuten nicht, was sie eurer Meinung nach glauben sollen. Die anderen Gruppenmitglieder haben auch ihre Erfahrungen! Lasst sie reden und gemeinsam suchen und finden. Seid ehrlich miteinander, höflich, aber vertraut Gott, dass er seine Antworten dann entstehen lässt, wenn sie dran sind!

13 Vgl. den Fischzug des Petrus, Lk 5,1–11 par.

So sehr uns deutsche Theologinnen und Theologen dieses Verhalten überraschte, so sehr überzeugte es uns auch, denn den Gruppen war sehr stark abzuspüren, dass in ihnen Beziehungen gewachsen waren und noch wachsen konnten, Beziehungen, die tragfähig genug waren, um diese Gemeinde wachsen zu lassen.

Christsein ist im Alleingang nicht möglich. Das wissen wir. Allein, wir geben uns in Deutschland noch vielfach der Illusion hin, als würden die Sonntagmorgen-Gottesdienste die Gemeinschaft am Leib Christi und die gemeinsame Mitte der Gemeinde ausreichend manifestieren. Allein, selbst wenn ein großer Teil der Gemeinde noch zum Gottesdienst käme – was ja schon lange nicht mehr der Fall ist – also: selbst wenn sie kämen und auch noch Gemeinschaft am Leib Christi erführen, es wäre nur ein Teil dessen, was den Glauben ausmacht. Es ist großartig, mit vielen anderen zusammen Gottesdienst zu feiern, und keine Gemeinde sollte es sich nehmen lassen, die gemeinsame Feier des Gottesdienstes als ihre Mitte zu pflegen und zu behüten. Keine Kirche sollte es sich nehmen lassen, durch gelegentliche Großveranstaltungen den Blick auf die Vielfalt und Buntheit ihrer Glieder zu lenken. Ob in Taizé, auf dem Kirchentag oder bei einem Gospel-Festival – hier wird Beziehung der Glieder am Leib Christi hautnah und manchmal zugleich weltweit spürbar. Doch auch die relativ anonyme und sei sie noch so sporadische Teilnahme an einem ganz normalen volkskirchlichen Gottesdienst drückt eine Form von Beziehung aus. Aber Gottesdienst einerseits und persönliche Frömmigkeit andererseits sind eben nicht alles, um den christlichen Glauben zu praktizieren.

Das Bedürfnis nach menschlicher Nähe, über den eigenen Glauben sprechen zu können, andere konkret für mich beten zu lassen, meine persönlichen Fragen loszuwerden, das geht nur im geschützten Raum unter Menschen, zu denen ich eine Beziehung habe und die zu mir eine Beziehung haben. Übrigens gilt das auch für Fernstehende. Ich kann wohl den christlichen Glauben anonym kennen lernen und ihn von Gott geschenkt bekommen, aber ihn mir aneignen, mit ihm vertraut werden, dafür brauche ich Menschen als ein Gegenüber, dem ich vertraue und das mir vertraut. Für viele ist heute die

Schwelle, einen Gottesdienst zu besuchen, höher als die Schwelle, mit Menschen aus der Nachbarschaft, zu denen ich eine Beziehung habe, über den eigenen Glauben oder auch Zweifel zu sprechen.

Die unglaubliche Herausforderung des Glaubens ist, dass ich ihn nie haben oder halten kann, immer nur empfangen und üben. Dafür brauche ich Zeit für mich selbst, Stille und Geistliche Übung. Ich brauche eine Gemeinde, deren Glied ich bin, die mit mir Teil eines größeren Ganzen ist. Ich brauche ihren Gesang, das gemeinsame Gebet, das Hören und die Lehre. Aber ich brauche auch eine lebendige Zelle von Menschen, die mit mir ihren Glauben teilen. Selbst geistliche Profis oder auch Amtsinhaberinnen und Amtsinhaber brauchen das – und zwar nicht, um diese Zelle zu leiten, sondern um selber aufzutanken und getragen zu werden.

Gerade den geistlichen Profis sollte aber neben der Zelle immer auch ein Begleiter oder eine Begleiterin von außerhalb kollegial zugeordnet sein – sozusagen als selbstverordnete Beziehung, um berufliche und geistliche Probleme von Zeit zu Zeit miteinander besprechen zu können. Damit meine ich nicht solche wichtigen Einrichtungen wie Supervision, Balint-Gruppe oder kollegiale Beratung, sondern eine Berufskollegin oder einen Kollegen, die oder der mir als Freundin oder Pate gelegentlich zur Seite steht und für mich betet. Ich selber wäre dann wieder für jemand anderen der berufliche Partner.

Wir müssen in der Kirche behutsam und nachdrücklich wieder die Beziehungen entdecken – auf allen Ebenen. Ob wir uns dabei als Bruder oder Schwester anreden, ist dabei von zweitrangiger Bedeutung. Viel entscheidender ist die Frage, wie wir unsere geschwisterliche Beziehung gestalten.

...auf den Punkt gebracht:

Die Kirche hat nicht deshalb so lange überlebt, weil ihre institutionellen Strukturen so gut waren. Sie wurde und wird vielmehr von Beziehungen ihrer Glieder untereinander und zu Gott getragen und erhalten. Deshalb gehört die Pflege der Beziehungen auf allen Ebenen zur lebenserhaltenden Maßnahme für jede Kirche, die wachsen will. Wir sind keine Zweckgemeinschaft. Wir sind Geschwister.

Kleine Gruppen pflanzen – große Wirkung

Der erste Atem der Kirche[14] waren die kleinen Zellen, das Haus der Lydia in Korinth, das Haus des Johannes Markus in Damaskus, die Schwestern Maria und Martha mit ihrem Bruder Lazarus, das Missionsteam des Paulus und viele andere mehr. Es waren Familien, kleine Freundeskreise, vermögende Mäzene, die ihre Häuser als Versammlungsorte zur Verfügung stellten. In diesen Zellen wurde zusammen gebetet, in der Schrift gelesen, das Herrenmahl gefeiert und gelegentlich miteinander gegessen und getrunken. Ohne diese Keimzellen in allen wichtigen Zentren der römischen Antike hätte sich das Christentum nicht innerhalb von dreihundert Jahren so erfolgreich durchsetzen können. Später trafen sich dann die Mitglieder der verschiedenen Zellen eines Ortes an zentraler Stelle zum gemeinsamen Gottesdienst und zur Katechese. Ämter wurden eingerichtet, Bischöfe eingesetzt; die Kirche institutionalisierte und zentralisierte sich.
Heute befinden wir uns in einer ähnlicher Situation. Staat und Kirche sind nicht mehr identisch. Die Menschen der Postmoderne wählen auf dem Markt der Sinnanbieter aus – ein Markt, auf dem Kirche und Christentum nur eine von vielen Alternativen sind. Nun gibt es in der heutigen Gesellschaft bei den meisten Menschen ambivalente Bedürfnisse. Ein Beispiel dafür mag die Gestaltung der Traufeiern moderner Brautpaare sein: In einem sind sie sich geradezu uniform einig, sie wollen ihre Trauung *anders als alle anderen* haben. So wird die viel beschworene Individualität geradezu in ihr Gegenteil verkehrt, zur Konformität, – das, was man eigentlich vermeiden wollte.

Aber auch in anderen Glaubensdingen gilt, die Masse bietet kaum noch Halt. Es gibt heute kein einheitliches Wertesystem und erst recht keinen Einheitsglauben mehr. Menschen, die in unseren Zeiten erwachsen werden, müssen nicht nur erst die Sprache lernen, um ihr Leben zu buchstabieren, sie müssen

14 Vgl. POMPE: Atem.

auch noch die Grammatik dafür erfinden.[15] Religionsausübung wird heute nur noch selten in der Familie gelernt. Und Schule und Kirche bieten nur fragmentarischen Ersatz. Wenn ich wissen will, wie ich mein Christsein gestalten kann, bekomme ich durchaus unterschiedliche Antworten. Sicher ist, dass der regelmäßige Besuch von Gottesdienst und Bibelstunde nur noch für einen geringen Prozentsatz der Kirchenmitglieder elementarer Bestandteil ihres Glaubens ist. Sicher ist auch, dass die größte Zahl derjenigen, die heute neu zum christlichen Glauben kommen, dies nicht aufgrund einer einmaligen Bekehrung oder eines ähnlichen einmaligen Ereignisses tut. Untersuchungen aus der anglikanischen Kirche, die sich auch bei uns bestätigt haben, zeigen, dass Menschen prozesshaft zum Glauben kommen.[16] Sie brauchen Menschen, mit denen sie den Glauben zusammen entdecken können, die eine Beziehung zu ihnen aufbauen, ohne vorher den Glauben schon als Bedingung dafür festzusetzen.

Doch nicht nur Menschen, die neu mit dem christlichen Glauben in Berührung kommen, auch erfahrene Christen benötigen neben den großen Versammlungen kleine Zellen, in denen sie ihren Glauben in Beziehung leben können.

Das anglikanische Prinzip der Zellgruppen *(Cell-groups)* beruht auf diesem Gedanken. Diese Zellen sind eben keine Hauskreise, auch wenn sie sich in Häusern treffen, sondern Kleingruppen, die sich teilen, sobald sie mehr als vierzehn Mitglieder haben. Denn dann lassen sich die Beziehungen untereinander nicht mehr so gut pflegen. Zellgruppen sollen gerade nicht – wie der Kreis es ja geradezu vollkommen symbolisiert – in sich abgeschlossen sein, sondern nach außen offen sein und wie eine Zelle wachsen.

Solche Keimzellen und Überlebenszellen des Glaubens sind Kennzeichen fast aller wachsenden Gemeinden weltweit. Es scheint so zu sein, als würde die Postmoderne uns wieder in die Ausgangssituation der christlichen Kirche zurückkatapultieren.

15 Vgl. GRÖZINGER: Kirche, 32f.

16 Vgl. FINNEY: Faith, und JACKSON: Hope. Letzteres die beste Zusammenstellung und Auswertung der für den anglikanischen Wachstumsprozess relevanten statistischen Daten und daraus resultierenden Strategien.

Natürlich brauchen wir auch zentrale Gottesdienste, die wenigstens den Anspruch haben, für alle zu sein. Wir brauchen auch christliche Großveranstaltungen zur Ermutigung und gegenseitigen Bestärkung. Aber die Gemeinden, die gleichzeitig ihre Grundstruktur in den kleinen Zellen suchen, haben das gute Teil erwählt.

Inspirierend sind die Erfahrungen der anglikanischen Kirche mit Gemeindepflanzungen. Dies sind ja keine Gemeindeneugründungen im rechtlichen Sinn – wie man meinen könnte, sondern sie geschehen in der Regel innerhalb der Kirche, aber auf erkennbar unkirchlichem oder entkirchlichtem Terrain.[17]

Nehmen wir an, in einer geografisch definierten Gemeinde gibt es ein Neubaugebiet, in dem praktisch kein kirchliches Leben stattfindet.

- Die *klassische volkskirchliche Strategie* wäre abzuwarten, bis die Leute von selbst in die für sie zuständige Kirche zum Gottesdienst kommen. Als Gemeindeglieder gemeldet werden sie ja automatisch.
- Die *volksmissionarische Variante* wäre, einen Besuchsdienst zu gründen, der die Neuhinzugezogenen begrüßt und zu den gemeindlichen Veranstaltungen einlädt.
- Eine *Gemeindepflanzung* könnte bedeuten, dass sich mehrere Zellen aus der Muttergemeinde lösen und sich von ihr in das Neubaugebiet verpflanzen lassen, indem sie dort etwa in einem Kindergarten oder einer Turnhalle oder auch einer Kneipe Gottesdienst feiern, sich dort mit ihren Zellen treffen, Kinderbetreuung anbieten und dort leben und wohnen.

„Gemeindepflanzungen sind nicht leicht“, sagte mir ein englischer Gesprächspartner, „aber sie brauchen kein Geld, nur die Berufung einiger Familien und Zellen – vielleicht insgesamt vierzig Leute. Bei der ersten Gemeindepflanzung sind die Vor-

17 Eine gute Übersicht über die verschiedenen Arten des Church-Planting bieten HOPKINS: Gemeinde pflanzen, 57–63, und Roschke: Gemeinde pflanzen; vgl. auch den Report der Church of England: MISSION-SHAPED CHURCH, 29–41.

bereitungen am schwierigsten. Wir haben etwa fünfzehn Monate dafür gebraucht, aber die zweite ging dann schneller – etwa neun Monate.“ In Deutschland undenkbar?

...auf den Punkt gebracht:

Das Bild ist faszinierend. Eine Pflanze – auch eine Gemeindepflanze – kann nur überleben, wenn kleine Zellen einen Verband bilden. Und sie kann nur wachsen, wenn die Zellen sich teilen. Auch große Pflanzen sind nur überlebensfähig, wenn die kleinen Zellen stabil sind. In Deutschland haben wir die komfortable Situation, nicht flächendeckend neue Gemeinden gründen zu müssen, aber wir sollten in unserem bestehenden Gemeindenetz Zellen pflanzen, geistliche Zentren und Leuchtturmprojekte fördern, die kirchliches Leben zum Sprießen bringen.

Ein neues Pfarr- und Gemeindebild

Zurzeit werden in der Praktischen Theologie und in den Kirchen verschiedene Pfarrbilder mit auffällig unterschiedlichen Akzenten diskutiert. Gibt es das Pfarrbild des 21. Jahrhunderts nicht, oder gibt es es *noch* nicht?

In Anknüpfung und Abgrenzung zur katholischen Kirche haben die Protestanten ihr Pfarrbild fast immer im *Gegenüber* zur Gemeinde entwickelt. Das reformierte Genfer Modell, das zwischen vier verschiedenen Ämtern und Funktionen von Gemeinde unterscheidet, hat sich nicht durchgesetzt. Pfarramtskandidaten werden aus einer Gemeinde genommen, an Universitäten und Predigerseminaren ausgebildet und kommen in eine andere Gemeinde. Diese ist dann *ihre* Gemeinde, dort *haben* oder *halten* sie den Gottesdienst (die Pfarrer oder Pfarrerinnen, nicht die Gemeinde), schließlich treffen sie sich mit Kolleginnen und Kollegen und definieren ihr Pfarrbild, das vom Hirten bis zur Seelsorgerin, von der Liturgin bis zum Mystagogen, von Bischöfin zum Sozialarbeiter schillert. Dabei kann es je nach theologischer Provenienz entweder stärker lutherisch vom Amtsverständnis und der Ordination oder stärker reformiert vom Gemeindeverständnis her definiert werden.

Hinzu kommt ein psychologisches Problem. Pfarrerinnen und Pfarrer nehmen sich selber in aller Regel viel negativer wahr, als sie von Außen angesehen werden. Das gilt allerdings auch für die Meinung der Medien. Doch zeigen alle neueren Berufe-Rankings: Pfarrerinnen und Pfarrer sind beliebter als man meint.

Auf der anderen Seite stehen nach wie vor große Erwartungen in das Pfarrhaus neben der Kirche. Je weiter entfernt jemand zur Kirche steht, desto höher sind die Erwartungen an ihr geistliches Personal. Von ihnen wird erwartet, dass wenigstens sie die heile Welt repräsentieren. Die großen EKD-Studien haben gezeigt, dass die Kirchlichkeit der meisten Gemeindeglieder auf ihre Pfarrerinnen oder Pfarrer bezogen ist. Der Pfarrer, die Pfarrerin repräsentieren für die meisten die Kirche.

Diese Latte hängt allerdings immer etwas zu hoch. *Wie die Pfarrerin so die Kirche. Wie der Pfarrer so auch Gott.*

Und dann steht sie da, die Gemeinde, am Zaun vom Pfarrhausgarten und staunt darüber, dass dort ein Pfarrer sitzt, Zeitung liest, Kaffee trinkt und schon wieder scheinbar nichts zu tun hat. Eigentlich ist es für diese Situation unwesentlich, ob dort die *Kerngemeinde* oder der Rest, die – dann doch wohl so zu nennende – *Fruchtfleischgemeinde,* steht. So oder so steht sie da als personifiziertes *Eigentlich:* Eigentlich müsstest du und solltest, eigentlich könntest und hättest du, eigentlich mehr und eigentlich öfter!

Da immer mehr Kompetenzen von den Pfarrerinnen und Pfarrern erwartet werden, können sie auch immer leichter für die allgemeine Krise der Kirche verantwortlich gemacht werden. Sie predigen zu schlecht, sind nicht teamfähig, organisieren unprofessionell und sind nicht fromm genug, kurz: Sie sind an allem schuld.

Keine Pfarrerin, kein Pfarrer kann oder will gleichzeitig den Chor leiten und mitsingen, oder die Mannschaft trainieren und die Tore machen. Dennoch trifft kaum ein Buchtitel die gegenwärtige Situation des Pfarramtes so wie der von Andreas von Heyl: „Zwischen Burnout und spiritueller Erneuerung – Studien zum Beruf des evangelischen Pfarrers und der evangelischen Pfarrerin".

Ein protestantisches Pfarrbild, das diesem Amt immer neue und andere Funktionen zuschreibt und immer mehr Kompetenzen von den Amtsinhabern verlangt, wird nicht zukunftsfähig sein. Ebenso wenig ein Pfarrbild, das allein im Gegenüber zur Gemeinde gesehen wird. Letzteres würde nur funktionieren, wenn wir im Grunde genommen ein katholisches Amtsverständnis vertreten und das Pfarramt zu einem besonderen, geradezu sakramentalen Amt im Unterschied zu anderen gemeindlichen Ämtern erheben.

Doch auch das alte kirchliche Bild vom Hirten und seinen Schafen hat zumindest auf die Pfarrerinnen und Pfarrer und die übrigen Gemeindeglieder bezogen an Bedeutung verloren. Wenn es noch verwendet wird, dann häufig ironisierend: „Nun, Herr Pfarrer, wollten Sie mit mir noch mal eines ihrer schwarzen Schäfchen besuchen?" Pfarrerinnen und Pfarrer wollen heute nicht mehr als alleinige Leitfiguren den anderen in allen Dingen sagen, wo es lang geht. Und Gemeindeglieder verstehen sich nicht mehr als Schafe, über die ein von der Kirche bezahlter Hirte wacht. Das Bild vom guten Hirten verweist biblisch gesehen ja auch eher auf Christus und hat auf den Pfarrberuf übertragen nur partielle Aussagekraft – etwa im seelsorglichen Bereich der Begleitung.

Wahrscheinlich war es die Auseinandersetzung mit der katholischen Kirche, die die Protestanten dazu verleitete, die Berufung ihrer Pfarramtsinhaber von der Berufung in andere kirchliche Ämter zu unterscheiden. So wird sprachlich und dienstrechtlich sehr genau zwischen der *Ordination* einer Pfarrerin und der *Einführung* eines Gemeindepädagogen unterschieden; was theologisch nur schwer nachvollziehbar ist. Natürlich ist der Dienst an Wort und Sakrament ein ganz besonderer Dienst in der Gemeinde, denn er geht auf den Auftrag Jesu zurück und geschieht aufgrund der Berufung durch seine Gemeinde. Aber warum sollen für diesen Dienst nicht neben den Profis auch ehrenamtliche Prädikanten, Lektorinnen und Laienprediger ordiniert werden können?

Ein protestantisches Pfarrbild der Zukunft wird nicht mehr im Gegenüber zur Gemeinde zu finden sein, sondern nur von der Gemeinde *und* vom Wort Gottes her definiert werden können.

Empfehlung der Bischofskonferenz der VELKD
vom 15./16. Oktober 2004:

„Die gelegentlich anzutreffende Auffassung, dass durch Ordination übertragene Amt stehe der Gemeinde gegenüber, ist hingegen unrichtig. Auf dem Hintergrund des evangelischen Verständnisses von Wort und Sakrament, Kirche und Amt ist vielmehr festzuhalten, das es die Aufgabe des durch Ordination übertragenen Amtes in der Kirche ist, das Gegenüber von Wort und Sakrament nicht nur zur Welt, sondern auch zur Gemeinde dauerhaft und umfassend zur Geltung zu bringen. Folglich ist nicht das Amt, sondern nur das Wort Gottes das Gegenüber zur Gemeinde. Wohl aber hat das Amt auf dieses Gegenüber zu verweisen."

„Bildlich dargestellt ist diese reformatorische Einsicht auf dem von Lukas Cranach d. Ä. gemalten Altarbild in der Stadtkirche zu Wittenberg:

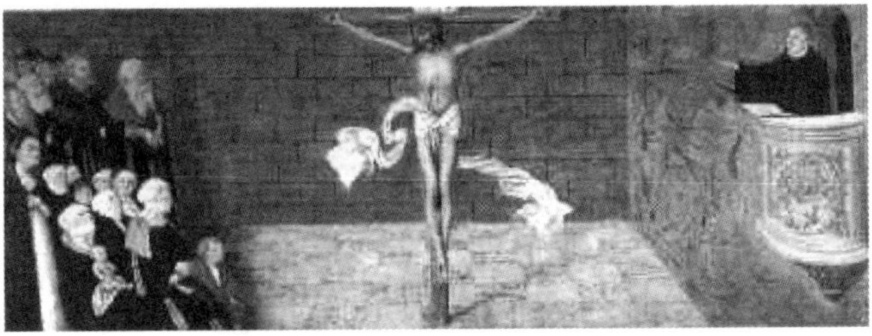

Der Prediger steht nur insofern der Gemeinde gegenüber, als es sein Aufgabe ist, auf den ihr und ihm gleichermaßen gegenüberstehenden Christus am Kreuz zu weisen."[18]

Es gibt kein tragfähiges protestantisches Amtsverständnis ohne ein tragfähiges Gemeindeverständnis. Zwar lässt sich das Pfarramt von seinen klassischen Aufgaben her, nämlich der Trias: Gottesdienst, Seelsorge, Verkündigung, sehr leicht beschreiben. Aber was ist mit den eigentlichen „Pfarr"-Aufgaben, also der Verwaltung der „Pfarre", der Parochie? Was ist mit dem Management, der Gemeindeleitung, der Personalführung und der Unterstützung der Armen? Das Überlastungsphänomen der deutschen Pfarrerinnen und Pfarrer hängt ja gerade damit zusammen, dass sie halb an-sich-reißend, halb überwältigt immer mehr Aufgaben übernommen haben. Das inoffiziell zu hörende Resümee einer ökumenischen Konsultation zum westfälischen Reformprozess *Kirche mit Zukunft* war: „Nirgendwo arbeiten Pfarrerinnen und Pfarrer so viel wie bei Euch, nirgendwo ist Kirche so pfarrerzentriert – und zugleich so leblos."

Wir haben den Fehler gemacht, fast alle im Neuen Testament genannten Charismen strukturell im Pfarramt zu verankern. Wenn wir etwa Röm 12,6–9 daraufhin lesen, lassen sich alle sieben genannten verschiedenen Gnadengaben problemlos in eine Dienstbeschreibung des deutschen Pfarramts unterbringen. Ironisch formuliert müsste man sagen, dass es geradezu bedauerlich ist, dass Paulus in diesem Zusammenhang die Gabe der Allgegenwart und der Allmacht vergessen hat.

18 LUTHERISCHES KIRCHENAMT DER VELKD: Priestertum, 16f, mit Anmerkung 47.

Wachsende Gemeinden haben dagegen sehr häufig ein differenziertes Pfarrbild. Der geistliche Leiter einer Gemeinde ist keineswegs automatisch auch ihr organisatorischer Chef. „Geistliche Leitung und Management, das sind doch ganz unterschiedliche Charismen“, würde jedes aktive Mitglied einer solchen Gemeinde zu Recht bemerken. Wenn Gemeinden wachsen wollen, müssen sie genau festlegen, was sie von ihren Pastorinnen und Pastoren und allen übrigen Mitarbeitenden erwarten und für welche Funktionen sie sie bezahlen wollen oder können und für welche nicht.[19] Dabei werden sie darauf achten, dass sie den göttlichen Auftrag zu Gottesdienst, Verkündigung und geistlicher Leitung nicht unbedarft gleichsetzen mit allen anderen gemeindlichen Leitungsaufgaben.

Mein Eindruck ist, dass wir quer durch alle Kirchen Deutschlands mehr geistliche Leitung und besseres Management brauchen und dass es ein Fehler ist, von denselben Personen *beides* zu erwarten.

Evangelische Bischöfe?

Es ist historisch verständlich, aber gegenwärtig kaum nachvollziehbar, warum manche Landeskirchen keinen Bischof haben, aber dafür einen Präses, der zugleich geistlicher Leiter der Kirche ist, also Bischof, und zweitens Vorsitzender der Landessynode, also Präses im Wortsinne, und schließlich drittens Chef des Landeskirchenamtes, also Konsistorialpräsident.

Die dafür benötigten verschiedenen Charismen werden auch durch eine Wahl nicht automatisch auf eine Person konzentriert. Weder bei einer Bischofswahl noch bei einer Pfarrwahl erhalten die Gewählten ein Amulett gegen Überforderung. Im Gegenteil, jede Wahl sollte eine Kirche oder Gemeinde daran erinnern, welche Aufgaben sie mit welchen Gliedern wahrnehmen kann und will.

19 Vgl. auch HERBST: Pastorinnen und Pastoren, 35–68.

Eine notwendige Rückbesinnung auf das allgemeine Priestertum der Glaubenden (vgl. 1 Petr 2,9f) wird auch Pfarrerinnen und Pfarrer darin bestätigen, dass sie Glieder der Gemeinde sind und nicht ihr Gegenüber. Alle besonderen pastoralen Aufgaben sind Funktionen von Gemeinde und sollten im Auftrag Gottes vollzogen werden. Solche Funktionen können die sie ausführenden Personen natürlich gelegentlich ins Gegenüber zur Gemeinde setzen, man denke nur an liturgische oder seelsorgliche Aufgaben, aber dann steht die Person und nicht das Amt im Gegenüber.[20] Kirche existiert nicht im Gegenüber ihrer Funktionen, sondern im Miteinander.[21]

Eine große Gefahr in der zukünftigen Entwicklung wird darin liegen, dass man leichtfertig die bezahlten Dienste auf die klassischen pastoralen Aufgaben, also Verkündigung, Seelsorge und Unterricht, reduziert. Dies wäre gleichbedeutend mit dem Rückzug der Kirche aus der Welt. Pastorale Aufgaben lassen sich teilweise auch durch gut ausgebildete Ehrenamtliche wahrnehmen.[22] Aber für die gesellschaftlichen Aufgaben der Kirche, ihre Parteinahme für die Marginalisierten, das Einmischen in die ethische und politische Diskussion und für den Bildungsauftrag der Kirche in Beratung und Aus-, Fort- und Weiterbildung braucht sie qualifiziertes und professionelles Fachpersonal. Die Zukunft der Kirche liegt eben nicht in dem Zusammengehörigkeitsgefühl der Mitglieder vor Ort, sondern in Auftrag und Verheißung dessen, der das Haupt des Leibes ist, Christus.

20 Dieses „Kirchenbild" stammt aus Jost/Liebrecht: Meine, deine, unsere Kirche.

21 Vgl. Barmen IV: „Die verschiedenen Ämter in der Kirche begründen keine Herrschaft der einen über die anderen, sondern die Ausübung des der ganzen Gemeinde anvertrauten und befohlenen Dienstes."

22 Vgl. dazu auch das derzeit innovativste Modell im deutschsprachigen katholischen Raum in: ZULEHNER u.a.: Leutepriester in lebendigen Gemeinden. Dieses Modell unterscheidet zwischen studierten und ehelosen *Bistumspriestern,* die Gemeinden gründen oder zusammen mit professioneller Gemeindeberatung zu neuem Leben führen, und gemeindegebundenen *Leutepriestern,* die neben- oder ehrenamtlich zusammen mit geschulten Leitungsteams eine Gemeinde leiten. Vgl. ZULEHNER: Kirche, 83.

...auf den Punkt gebracht:

Ein neues zukunftsfähiges Pfarrbild wird sich innerhalb des Protestantismus nur noch von der Gemeinde *und* vom Wort Gottes her entwickeln lassen. Alle pastoralen Dienste in der Gemeinde sind Funktionen von Gemeinde und sollten im Wort Gottes begründet sein. Daraus beziehen sie ihren Wert, ohne dass ein Dienst über dem anderen stünde.

Wachsende Gemeinden werden in Zukunft nur noch indirekt von ihrer geographischen Lage (also der Parochie) her konstituiert werden, viel stärker wird ihr Selbstverständnis von Gemeindevision, Leitbild, Profil und von den Aufgaben her bestimmt sein. Diese Profilgemeinden der Zukunft werden selbstbewusst und gabenorientiert festlegen, welche Dienste von welchen Amtsträgern haupt-, neben- und ehrenamtlich, bezahlt oder unbezahlt wahrgenommen werden.

Ein solches Pfarrbild wird zum einen untrennbar mit einem neuen Gemeindeverständnis verbunden sein. Die pastoralen Dienste werden dann viel stärker als *Funktion* von Gemeinde in Erscheinung treten, und die unselige Unterscheidung zwischen gemeindlichen und funktionalen Diensten bei Pfarrerinnen und Pfarrern wird der Vergangenheit angehören. Zum anderen wird dieses noch zu entwickelnde Pfarrbild auf einem Verständnis des *geistlichen Amtes* beruhen, das dieses vom Auftrag und der Verheißung Christi für seine Gemeinde her füllt.

Ein protestantisches Pfarrbild der Zukunft wird das lutherische und reformierte Amtsverständnis, den Auftrag Gottes und die Berufung durch die Gemeinde zusammenführen.

Kirche als Mission

„Es hat eine Zeit gegeben, in der es den Anschein haben konnte, als sei die missionarische Orientierung das Markenzeichen nur einer einzelnen Strömung in unserer Kirche. Heute sagen wir gemeinsam: Weitergabe des Glaubens und Wachstum der Gemeinde sind unserer vordringliche Aufgabe, an dieser Stelle müssen die Kräfte zentriert werden."[23]

Der Auftrag und die Lehre der Kirche

Gott baut sein Reich, errichtet seine Herrschaft auch ohne die EKD, und es liegt letztlich nicht an unserem Tun und Lassen, was aus der Kirche Jesu Christi wird. Diese theologische Erkenntnis wird gelegentlich missbraucht und gegen so genannte Gemeindeaufbau-Programme und missionarische Konzepte ausgespielt. Ein Motiv für eine solche Argumentation kann der von der anderen Seite zwar nicht offen geäußert, aber implizierte Schuldvorwurf sein, zu wenig in Richtung einer wachsenden Gemeinde zu tun. Ein anderes Motiv kann aber auch die unangemessene Rede vom Handeln Gottes durch den Menschen sein nach dem Motto: „Christus hat keine anderen Hände als deine Hände ..." Beide Extreme, völlige Passivität und Lethargie einerseits und Aktionismus und Machbarkeitswahn andererseits, sind theologisch falsch und entsprechen nicht dem Auftrag Jesu für seine Kirche.

Die Meinung, Kirche müsse nur bei ihrem eigentlichen Auftrag bleiben, dann würde Gott sein Reich schon bauen – so wie es Jesus im Gleichnis von der selbstwachsenden Saat andeutet (Mk 4,26–29), übersieht nicht nur den Auftrag Jesu für die Kirche (Mt 28,19), sie ignoriert auch das auf Mittäterschaft angelegte Wesen des Heiligen Geistes. Was in der Christologie eine Irrlehre wäre, nämlich die Mitwirkung des Menschen, wird in der Pneumatologie (Lehre vom Heiligen Geist) zur

23 Kundgebung der EKD-Synode 1999, in: EKD: Reden, 42.

Notwendigkeit. Jesus Christus starb *für* uns, der Heilige Geist dagegen wirkt *in, mit und durch* uns. Gott hat es so gefallen, seine Kirche in Christus zu gründen und mit dem sicherlich begrenzten, aber vorhandenen Personal durch die Kraft seines Geistes zu bauen und zu erhalten.

Der *Auftrag der Kirche* ist der Auftrag Jesu an seine Jünger nach seiner Auferstehung vor der Himmelfahrt auf dem Berg in Galiläa:

> Der Auftrag der Kirche:
>
> Mir ist gegeben alle Gewalt im Himmel und auf Erden. Darum gehet hin und machet zu Jüngern alle Völker: Taufet sie auf den Namen des Vaters und des Sohnes und des heiligen Geistes und lehret sie halten alles, was ich euch befohlen habe. Und siehe, ich bin bei euch alle Tage bis an der Welt Ende. (Mt 28,18–20)

Die oben angesprochene Diskrepanz zwischen dem Handeln Gottes und dem des Menschen wird hier deutlich. Alle Gewalt, alle Vollmacht, alle Handlungskompetenz liegt bei Gott und ist von ihm auf Christus übertragen. Aber Christus *ermächtigt* seine Jüngerinnen und Jünger zum Handeln.[24] Die Aufforderungen zur Aktivität sind ja nicht zu überhören: „Gehet hin, *machet* zu Jüngern alle Völker, *taufet* sie und *lehret* sie." Aber alle diese Handlungsaufforderungen stehen unter der Verheißung Christi: „Mir ist gegeben alle Gewalt" und „Ich bin bei euch alle Tage bis an der Welt Ende."

Dem entsprechen die *Wachstumsnotizen* in der APOSTELGESCHICHTE:

Wachstumsnotizen in der APOSTELGESCHICHTE:

Apg 2,41	…und an diesem Tage wurden hinzugefügt etwa dreitausend Menschen.
Apg 2,47	Der Herr aber fügte täglich zur Gemeinde hinzu, die gerettet wurden.
Apg 4,4	Aber viele von denen, die das Wort gehört hatten, wurden gläubig; und die Zahl der Männer stieg auf etwa fünftausend.

24 Vgl. Mt 18,18–20; Lk 9,1; 10,19 u.ö.

Apg 5,14	Desto mehr aber wuchs die Zahl derer, die an den Herrn glaubten – eine Menge Männer und Frauen…
Apg 6,7	Und das Wort Gottes breitete sich aus, und die Zahl der Jünger wurde sehr groß in Jerusalem. Es wurden auch viele Priester dem Glauben gehorsam.
Apg 11,21	Und die Hand des Herrn war mit ihnen, und eine große Zahl wurde gläubig und bekehrte sich zum Herrn.
Apg 14,1	Es geschah aber in Ikonion, dass sie wieder in die Synagoge der Juden gingen und so predigten, dass eine große Menge Juden und Griechen gläubig wurde.

Die Apostel predigen, lehren, tun …, und Gott lässt die Gemeinde wachsen. Es ist die Aufgabe derjenigen, die Christus nachfolgen, und es bleibt die Aufgabe der Kirche Jesu Christi, zu den Menschen in aller Welt zu gehen, sie als seine Jüngerinnen und Jünger zu gewinnen, sie zu taufen und zu lehren, was Jesus geboten hat. Das Wachsen und Gedeihen dazu gibt Gott (1 Kor 3,5–11).

Der *Inhalt* der Lehre für die Völker ist in Mt 28 dadurch bestimmt, dass Jesus sagt, „lehret sie halten alles, was ich euch geboten habe". Nun besteht Jesu Lehre bei MATTHÄUS in der Botschaft von der Herrschaft Gottes[25] und wird in der Bergpredigt ausdrücklich entfaltet (Mt 5–7). Jesus selbst fasst dann im Doppelgebot der Liebe das zusammen, was nach seiner Lehre das am meisten Gebotene ist.[26]

Der Inhalt der beauftragten Lehre:

Als aber die Pharisäer hörten, dass er den Sadduzäern das Maul gestopft hatte, versammelten sie sich. Und einer von ihnen, ein Schriftgelehrter, versuchte ihn und fragte: „Meister, welches ist das höchste Gebot im Gesetz?" Jesus aber antwortete ihm: „Du sollst den Herrn, deinen Gott, lieben von ganzem Herzen, von ganzer

25 Vgl. etwa Mt 4,17 und Kap. 13.

26 Vgl. auch Joh 14,12: „Das ist mein Gebot, dass ihr euch untereinander liebt, wie ich euch liebe." Vgl. V.17 und 13,34f: „Ein neues Gebot gebe ich euch, dass ihr euch untereinander liebt, wie ich euch geliebt habe, damit auch ihr einander lieb habt. Daran wird jedermann erkennen, dass ihr meine Jünger seid, wenn ihr Liebe untereinander habt."

Seele und von ganzem Gemüt". Dies ist das höchste und größte Gebot. Das andere aber ist dem gleich: „Du sollst deinen Nächsten lieben wie dich selbst". In diesen beiden Geboten hängt das ganze Gesetz und die Propheten. (Mt 22,34–40)[27]

Von Gott geliebt zu sein und sich in seiner ganzen Existenz nach ihm hin auszurichten ist kein blanker Aktionismus und keine rein asketische Spiritualität. Dies wird besonders bei LUKAS deutlich, der auf das Doppelgebot der Liebe sowohl das Gleichnis vom barmherzigen Samariter als auch die Episode von Maria und Martha folgen lässt. Nachfolge Jesu bedeutet beides: Anderen der Nächste zu werden und sie auch sich selbst Nächste sein zu lassen (Lk 10,36f), es bedeutet Jesus in sein Haus einzuladen, aber auch, sich von ihm hörend und schweigend beschenken zu lassen (Lk 10,38–42).

Wenn mit dem so genannten Missionsbefehl der *Auftrag* der Kirche und mit dem Doppelgebot der Liebe der *Inhalt* der kirchlichen Lehre hinreichend skizziert sind, lassen sich daraus auch Dimensionen für das Wesen von Kirche ableiten:

Dimensionen von Kirche:	nach Mk 12,28–31	nach Mt 28,18–20
spirituell	Höre...! Du sollst den Herrn lieben von ganzem Herzen...	Ich bin bei euch alle Tage bis an der Welt Ende.
missionarisch		Darum gehet hin und machet zu Jüngern alle Völker.
bildend		..., lehret sie halten alles, was ich euch befohlen habe.
diakonisch	Liebe deinen Nächsten wie dich selbst!	
universal		...alle Gewalt im Himmel und auf Erden, ... allen Völkern, ... alle Tage bis an der Welt Enden.

27 Par. Mk 12,28–31; Lk 10,25–28.

Das Wesen der Kirche Jesu Christi ist *spirituell* im Hören auf Wort Jesu und im Vertrauen auf seine Verheißung, es ist *missionarisch* im Annehmen ihrer Sendung zu allen Menschen, es ist *bildend,* insofern es die Menschen zur Liebe befreien will, und es ist *diakonisch,* weil es Gottes Beziehung zu uns zum Maßstab für unsere Beziehungen zu unseren Mitmenschen macht.

Jesus selbst stellt auf diesem Berg in Galiläa sein Evangelium unter einen prinzipiell offenen Horizont. Dieser *universale Anspruch des Evangeliums* verbunden mit seinem Inhalt, nämlich der individuellen Annahme des Verlorenen in Jesus Christus, öffnet der frühen Kirche den grenzenübergreifenden Welthorizont und sollte sie noch heute vor jeder Selbstgenügsamkeit und Vereinsmeierei bewahren.

Um es auf den Punkt zu bringen: Eine Kirche die Teil hat an der Vision Jesu, lebt aus seinen Verheißungen und ist ihrem Wesen nach Mission. Ihre *Vision* dabei ist der von Gott geliebte und befreite, der gerechtfertigte Mensch. Gottes Auftrag, diese Liebe zu leben und lehren, ist der Existenzgrund der Kirche. Ihre Botschaft hat Weltanspruch.

Bildung als Wertschätzung

Der Auftrag zur Bildung entspricht dem Inhalt der kirchlichen Lehre. Das heißt nicht, dass die Kirche ihre Lehre als hohes Bildungsgut anzusehen hätte, aber es bedeutet, dass die biblische Sicht des Menschen als eines von Gott gewollten und geliebten Wesens, das seine Würde aus Gottes Beziehung zu ihm erhält, auch den Bildungsauftrag der Kirche umfasst. Bei kirchlicher Bildung geht es also primär nicht um einen Kanon dessen, was ein Kirchenmitglied alles wissen sollte, – etwa an Katechismuswissen, sondern es geht um Bildung zur Wahrnehmung der eigenen Würde und Freiheit. Insofern gehören Bildungsauftrag und Missionsauftrag der Kirche eng zusammen, weil Menschen befähigt werden sollen, sich selbst und andere angemessen wahrzunehmen und frei zu entscheiden, woran sie glauben und wofür sie leben wollen.

Wenn Kirche also in ihre Bildung investiert, wenn diese qualifiziert und kompetent geschieht, erleben das diejenigen, die an dieser Bildung partizipieren, als persönliche Förderung und Wertschätzung. Mir wird zugetraut, dass ich etwas bin und kann; und mir wird ermöglicht, dass ich dies noch entfalte, persönlich, spirituell und fachlich. Gute Bildung wird nicht als Gängelung oder Manipulation in eine bestimmte Richtung erlebt, sondern als Befähigung, die eigenen Möglichkeiten zu entfalten. Bildung fördert persönliches Wachstum. Insofern ist jede Kirche gut beraten, den Auftrag Jesu zur Lehre (Mt 28,20a) als Wachstums-Chance zu begreifen.

Inspirierend dafür könnte die bewusst provokant formulierte Vision Paul M. Zulehners sein:

> „Die kirchlichen Bildungseinrichtungen sind im Bereich der gesellschaftlichen Bildung Marktführer. Sie sind mit ihren Themen topaktuell, der Zeit voraus und muten den Menschen auch kritisches Nachdenken zu. Zugleich schöpfen sie, gegenläufig zum flachen Zeitgeist, aus der Kraft unverbrauchter Traditionen. Vor allem aber haben sie teil an der prophetischen Freiheit, welche die Kirche als Ganze auszeichnet.“[28]

Beim Evangelisten LUKAS wird Jesus sehr häufig als Lehrer bezeichnet.[29] Dies wird seinen Grund darin haben, dass LUKAS, der ja als einziger biblischer Autor das Entstehen der frühen Kirche beschreibt, deutlich machen will, wie Jesus seine Lehre an seine Schüler weitergibt. Das legitimiert natürlich einerseits die Schüler, zeigt aber andererseits auch die Bedeutung von Lehre und Bildung für die Etablierung des Evangeliums in der Kirche.

Meines Erachtens sollten Pfarrerinnen und Pfarrer viel mehr Energie darein stecken, die übrigen Mitarbeitenden zu schulen, als selber alles zu machen.

28 ZULEHNER: Kirche, 123.

29 Vgl. Lk 4,15.31; 5,3.17; 6,6; 7,40; 9,38; 10,25; 11,1.45; 12,13; 13,10.22.26; 18,18; 19,39.47; 20,1.21.28.39; 21,7.37; 23,5.

Es mag mit den oben angestellten Überlegungen zusammenhängen, es kann aber auch einfach an der Situation der Postmoderne liegen, dass in praktisch allen größeren wachsenden Gemeinden Glaubenskurse eine entscheidende Rolle spielten. Die klassische Form gemeindlicher Arbeit, sich zusätzlich zum sonntäglichen Gottesdienst zur Bibelstunde, zum Abendkreis oder zur Christenlehre zu versammeln, passt nicht mehr in die Lebenswirklichkeit vieler Menschen, die aber durchaus Interesse am christlichen Glauben haben. Familien und Schulen, aber auch die Kirche selbst sind heute nicht mehr in der Lage, allen, die daran Interesse hätten, einen umfassenden Kenntnisstand über den christlichen Glauben zu vermitteln. Hinzu kommt, dass die meisten Erwachsenen neben ihren familiären, beruflichen und freizeitlichen Verpflichtungen in der Arbeitswoche ungern noch regelmäßige kirchliche Veranstaltungen besuchen. Dies gilt jedoch nicht für Glaubenskurse.

In England hat der Alpha-Kurs fast zwei Millionen Menschen erreicht. Woche für Woche, Jahr für Jahr treffen sich immer neue Menschen in diesen Kursen, um die elementaren Dinge des christlichen Glaubens zu lernen.

Das Interesse an solchen Glaubenskursen ist sowohl bei Insidern als auch bei eher Fernstehenden ungebrochen groß. Wenn die Balance zwischen gut gemachter Glaubensvermittlung, angenehmer gastlicher Atmosphäre und persönlicher Partizipation stimmt, sind Glaubenskurse fast eine Garantie für gemeindliche Wachstumsprozesse. Interessierte brauchen diese Kurse, um überhaupt zu wissen, worum es im christlichen Glauben geht. Gemeindeglieder nutzen sie zur Bestätigung und Glaubensvertiefung. Neuhinzugekommene benötigen geschützte Räume und Kleingruppen zur Einübung des Glaubens.[30] Für

30 In Deutschland haben sich neben vielen selbstgemachten Glaubenskursen vor allem „Christ werden – Christ bleiben“ von Burkhard Krause und der „Religionsunterricht für Erwachsene – Stufen des Lebens“ („Reli“) etabliert. In England war es fraglos und unangefochten der „Alpha“. In letzter Zeit ist allerdings ein viel versprechender auf längere Veränderungsprozesse bezogener Kurs entwickelt worden: „Emmaus“. Dieses Glaubenskurspro-

sie alle senkt die zeitliche Begrenztheit dieser Kurse die Schwelle mitzumachen. Gemeinsame Mahlzeiten und Kleingruppen ermöglichen den Aufbau von Beziehungen. So wird der Aufwand an Vorbereitung und organisatorischer Durchführung als persönliche Wertschätzung erlebt.

Es gibt viele Gründe für Gemeinden, die wachsen wollen, Glaubenskurse durchzuführen. Entscheidend sollte aber auch der Anspruch sein, dass Christen ein Recht darauf haben zu wissen, zu verstehen und zu erleben, was sie glauben. Die christliche Botschaft ist keine Geheimlehre und die Bibel kein Buch mit sieben Siegeln. Wer Menschen im Auftrag Jesu taufen will, muss auch Verantwortung dafür übernehmen, dass Jesu Lehre in geeigneter und das heißt auch zeitgemäßer und lebensnaher Weise zu ihnen kommt.

...auf den Punkt gebracht:

Kirche hat nicht nur den Auftrag zu Mission. Sie existiert als Mission Gottes. Der Inhalt des Evangeliums, nämlich die Annahme des Verlorenen in Christus, soll ihr Leben und Reden bestimmen. Es ist heute selbstverständlich, dass Mission nichts mit gewaltsamer Überzeugung oder auch nur mit psychologischem Druck zu tun hat. Weil aber der Anspruch der Liebe Gottes universal ist, sollte auch die Kirche sich keine zu engen Grenzen setzen, sondern Bildungsprozesse fördern, die möglichst vielen Menschen, die das wollen, eine eigene Begegnung mit dem Glauben ermöglichen.

gramm wurde von Michael Herbst in Deutschland herausgegeben und wird seitdem in verschiedenen Gemeinden sehr erfolgreich erprobt. Informationen zu allen hier genannten Glaubenskursen finden sich auf der Homepage der Arbeitsgemeinschaft Missionarischer Dienste in der EKD (http://www.a-m-d.de/angebote/glaubenskurse).

Die Kultur des Evangeliums

Um sein Ziel, Menschen für die Herrschaft Gottes zu befreien, zu erreichen, *predigt* Jesus und *heilt* Menschen, schließlich *stirbt* er auch für dieses Ziel. Deshalb gehören *Verkündigung* und *Diakonie* als Wesenselement zur christlichen Gemeinde. Doch Jesus hat nicht nur gepredigt und geheilt. Ein Drittes kommt hinzu. Er hat mit den Menschen *gegessen und gefeiert,* er hat sie *gesucht und besucht,* das heißt, er hat auch am Klima und an der Atmosphäre gearbeitet, beziehungsweise eine bestimmte Kultur geschaffen, um seiner Vision und seinem Ziel entsprechend zu leben.

Jesu Evangelisation beruht auf drei Säulen:

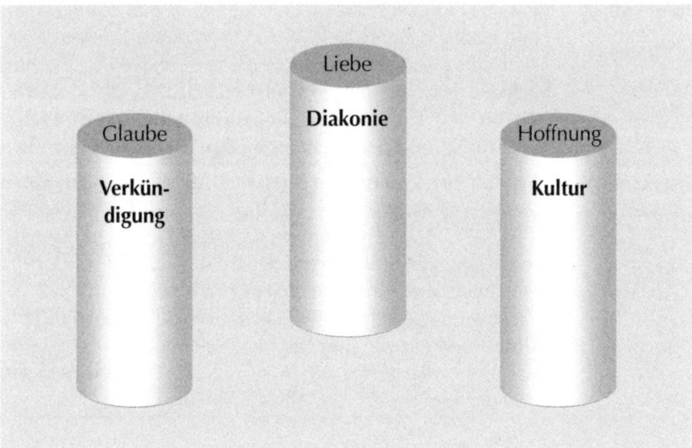

Wenn wir die *Kultur des Evangeliums* beschreiben wollen, lässt sich dies etwa mit folgenden Adjektiven tun: Angstfrei, visionär (lustvoll und mit einem positiven Menschenbild), gastfreundlich und festlich, partizipatorisch, eschatologisch und kinderfreundlich.

angstfrei	Um seine Ziele zu erreichen verändert Jesus das Klima. Er will nicht, dass Menschen sich vor ihm oder Gott fürchten.[31]
visionär (lustvoll und mit einem positiven Menschenbild)	Jesus hat eine Vision von den Menschen, denen er begegnet. Selbst in dem Kleinsten sieht er ein Kind Gottes. Wenn Jesus sich mit uns an einen Tisch sitzt, dann erkennt er in uns nicht nur die Verräter, die Leugner, Versager und Zweifler, sondern er sieht in uns seine Geschwister, Glieder an seinem Leib. Man könnte das mit anderen Worten auch „Gottes Lust am Menschen" nennen.[32] Diese Vision Jesu von den Menschen als neue Schöpfung Gottes – egal ob sie Sünder, Huren, Zöllner, Kranke, Arme oder welche von unserer Sorte sind – prägt auch das Zusammenleben der ersten Christen. Sie lässt Paulus und Andere soziale und ethnische Grenzen überschreiten und wird zum eigentlichen Motor der Evangelisation (vgl. Gal 3,28; 2 Kor 5,17).
gastfreundlich und festlich	Schließlich vergleicht Jesus das Reich Gottes immer wieder mit einer großen Festtafel, und er gibt uns durch sein Reden und Handeln Einblicke in seine Vision dieses Reiches. Viele sind dort geladen, es gibt Lammbraten und Wein, es wird gefeiert, gegessen und getrunken (Lk 13,29; 14,15; 22,16. 18.30), und den Vorsitz an der Festtafel hat Abraham (13,28; 16,22f). Sei es ihm gegönnt, es wird genug für uns übrig sein.
partizipatorisch	Wer an Jesu Worten und Taten partizipiert, der schmeckt – symbolisch gesprochen – das Brot im Reich Gottes (vgl. Lk 14,15–17.24). Die Gemeinde partizipiert am Reich Gottes, indem sie Abendmahl feiert; es wird ihr zugeeignet (22,29f). Das heißt aber, über ihre Teilhabe am Leib Christi hat sie Zugang zum Reich Gottes. Die durch die Gegenwart Jesu Christi und die von ihm bewirkte Befreiung von der Macht des Bösen erlangte Partizipation am Reich Gottes wird in der Zeit der Kirche durch das Abendmahl fortgeführt.

31 Vgl. das programmatische „Fürchte dich nicht!" in Lk 1,30; 2,10; 5,10; 8,50; 12,4.7.32; Apg 18,9; 17,24.

32 Vgl. Ps 18,20 und die davon inspirierte theologische Plattform „Kontextuelle Evangelisation im gesellschaftlichen Wandel. Herausforderungen zur Erneuerung von Kirche und Gemeinde", in: Gottes Lust am Menschen, Amt für missionarische Dienste der EKvW (Hg.).

eschatologisch	Deshalb betont Lukas in der Apostelgeschichte die Mahlgemeinschaft der ersten Christen. In ihr wiederholt sich, was Jesus durch seine Mahlgemeinschaft mit Sündern demonstriert, nämlich die Teilhabe am Reich Gottes. Die lukanische Vorliebe für das Motiv der Mahlgemeinschaft erklärt sich aus seinem Reich-Gottes-Verständnis.[36] In den Mahlgemeinschaften Jesu mit Zöllnern, Sündern und den Verlorenen realisiert sich das eschatologische Heil.
kinder-freundlich	An den Kindern können wir lernen, wie wir ins Reich Gottes kommen. (Vgl. Mk 10,13–16 par.) Wir sollten das angebotene Geschenk wie Kinder annehmen, es „auspacken und ausprobieren" und nicht meinen, es sei doch „nicht nötig" oder wir müssten es „wiedergutmachen". Eine Gemeinde, die auf Kindergärten, Kindergottesdienste und die Arbeit mit Kindern verzichtet, verliert einen essentiellen Teil ihrer Kultur.

Die Redefigur *Kultur des Evangeliums* soll zeigen, wie Jesus ganzheitlich gewirkt hat. Er hat eben nicht nur gepredigt und geheilt, sondern auch mit den Menschen gelebt und Atmosphäre geschaffen.

Wer heute über Gemeindewachstum nachdenkt, sollte sich nicht der Illusion hingeben, Gemeindeaufbau ließe sich auf die rechte Verkündigung oder gutes diakonisches Engagement oder auf das Ausbauen von evangelistischen Geh-Strukturen reduzieren. Wer am Wachstum der Gemeinde partizipieren will, der muss auch atmosphärisch arbeiten.

Wir brauchen eine angstfreie Atmosphäre und eine Kultur der Gastlichkeit, des Miteinander-Feierns und der Partizipation – und zwar sowohl in unseren Kirchengebäuden als auch in Hauskreisen und Kreiskirchenämtern.

33 In Lk 5,33f heißt es ausdrücklich im Kontrast zu der Fastenpraxis der Täuferjünger, dass die Hochzeitsgäste nicht fasten sollen, wenn der Bräutigam bei ihnen ist. Das kann nun so verstanden werden, dass Jesu Gegenwart bereits die Erfüllung der eschatologischen Ereignisse (Hochzeit) bedeutete, auf die die Täuferjünger sich durch ihr Fasten vorbereiteten. Erst nach seinem Tod werden auch sie trauern (5,35), allerdings, und dies scheint mir von Lukas bewusst so gestaltet zu sein, nur einige Tage lang (vgl. Mk 2,20), danach gibt es wieder neuen Wein in neuen Schläuchen (Lk 5,37–39).

Inkulturation des Evangeliums und ein neues Verständnis von Mission

Mission gehört zum Wesen der Kirche, aber was unter Mission zu verstehen ist, ist in ihr durchaus umstritten.[34] Dabei hat sich das Paradigma der Missionstheologie schon seit Jahrzehnten geändert.

Der missionarische Paradigmenwechsel

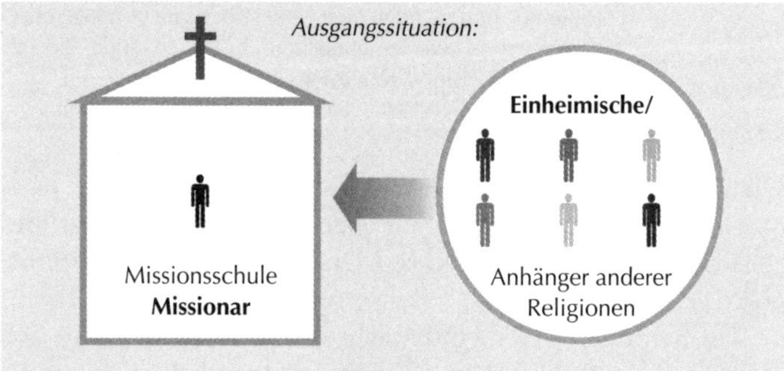

Vereinfacht und undifferenziert gesagt konnte es noch vor hundert Jahren vorkommen, dass ein Missionar in ein „heidnisches“ Missionsgebiet, zog, dort mit Hilfe seiner Missionsgesellschaft eine Missionsschule baute und dann Einheimische solange mit der christlichen Botschaft und Kultur konfrontierte, bis diese sich taufen ließen. Doch war ein solcher „Bildungs“-Erfolg der klassischen Mission nur von kurzer Dauer. Menschen nahmen zwar Nahrung, medizinische Hilfe und die neue Religion an und ließen sich taufen, waren dann jedoch im schlimmsten Fall wieder ohne Hilfe bei ihren Versuchen, die christliche Religion mit ihrer eigenen Kultur zusammenzubringen.

Die Alternative dazu ist heute allgemeiner Konsens, nämlich die Notwendigkeit der *Inkulturation des Evangeliums* ohne dessen Verwässerung. Theo Sundermeier hat dafür in der Missionstheologie den Begriff der *Konvivenz* etabliert. Sie ist die Basis für Mission und Dialog. Gleichzeitig schärft Sundermeier

34 Vgl. dazu etwa die Auseinandersetzung in Pastoraltheologie 91, 2002, Nr. 4: Mission?! – ein Reizwort in der praktisch-theologischen Diskussion.

die Sensibilität dafür, dass Mission und Dialog nur so geschehen dürfen, dass das Gegenüber als Subjekt ernst genommen wird. Es gibt kein *Missionsobjekt.* Voraussetzung ist die Bereitschaft, mit den anderen sprechen zu wollen. Konvivenz wird dabei als Lern-, Hilfs- und Festgemeinschaft verstanden. „Wir, die wir zusammen leben, helfen einander und lernen voneinander. Das heißt aber auch: Wir feiern miteinander."[35] Die drei Elemente der *gegenseitigen Hilfe, des wechselseitigen Lernens* und *des gemeinsamen Feierns* entsprechen den Kennzeichnen der Urgemeinde (vgl. Apg 2,42–47).

Alternative: Inkulturation des Evangeliums

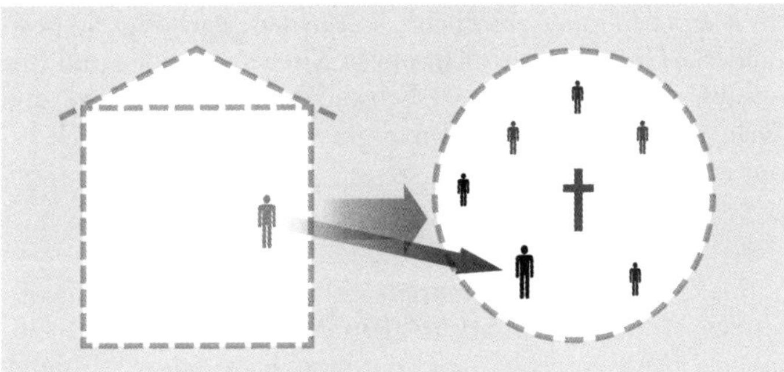

Einzelne Christen erlernen die Sprache und die Kultur ihnen fremder Menschen und leben und arbeiten mit ihnen. Erst wenn eine Vertrauensbasis da ist und sie gefragt werden, erzählen sie vom Evangelium ohne dabei ihr Gegenüber an sich selbst anpassen zu wollen, aber mit dem Mut, gemeinsam neue Wege zu gehen.[36]

Nun mag man diesen vereinfacht dargestellten Paradigmenwechsel in der Missionstheologie mit anderen Worten beschreiben oder auch grundsätzlich anders einschätzen. Mir geht es in diesem Zusammenhang nur darum, auf die Gefahr hinzu-

35 Vgl. SUNDERMEIER: Konvivenz, 57.

36 „Do not try to call them back to where they were, and do not try to call them to where you are, beautiful as that place may seem to you. You must have the courage to go with them to a place that neither you nor they have been before." Vincent Donovan, in: MISSION-SHAPED CHURCH, 93.

weisen, dass wir die arrogante Haltung der überlegenen Religion und Kultur, die abwartet, bis die andere Kultur kommt, um von uns zu lernen, faktisch in der Kirche Mitteleuropas immer noch praktizieren. Wir feiern unsere Milieu-Gottesdienste in sakralen Gebäuden und geben uns der Illusion hin, dies nur gut genug tun zu müssen, dann würden die Menschen schon kommen. „Wem der Glaube wichtig genug ist, der wird es Sonntagmorgens um zehn Uhr auch in die Kirche schaffen." Dabei ignorieren wir den gesellschaftlichen Wandel in der Wochenendgestaltung, die Existenz verschiedener Kulturen innerhalb Deutschlands und die weitgehende Entkirchlichung der Gesellschaft. Kirchlicherseits angesagt wäre ein echtes Erlernen der kulturellen Sprachen, die heute gesprochen werden, Offenheit für Menschen unterschiedlicher kultureller Zugehörigkeit, postmoderne Gottesdienste nicht nur in Kirchengebäuden und eine sensible Wahrnehmung der Schwellen zwischen Kirche und Welt. Der missionarische Paradigmenwechsel müsste sich bei uns ereignen.

Gastfreundschaft

Ich war als Referent für einen Glaubenskurs in eine Kirchengemeinde eingeladen, die es sich zum Ziel gemacht hatte, Fernstehende gastfreundlich einzuladen. Nach meinem Referat war Gruppenarbeit angesagt, und ich ging in der für mich entstehenden Pause auf die Toilette. Dort war es bitterkalt. Der Glaubenskurs fand im Winter statt, und die Heizung in der Toilette war abgedreht. Na ja, dachte ich, ein Versehen des Hausmeisters, und drehte das Thermostat wieder auf. Zwei Tage später ereignet sich dasselbe Spiel. Wieder ging ich auf die Toilette, wieder war das Thermostat abgedreht. Wieder wollte ich das ändern, doch nun ging es nicht mehr. Jetzt war ein Stift am Thermostat so angebracht, dass es kalt bleiben musste. Was sollte damit signalisiert werden? Wir sind sparsam – egal ob du auf unserer Toilette frierst?!

Ein anderes Beispiel: Eine Gruppe deutscher Pfarrerinnen und Pfarrer erlebt zum ersten Mal einen Mittwochabend des

Alphakurses in Holy Trinity Brompton, London. Eine Mitarbeiterin empfängt sie, erklärt ihnen, wo sie sich hinsetzen können, organisiert Essen und Trinken für die Gruppe und steht im Anschluss an den Abend als Gesprächspartnerin zur Verfügung. Alle sind beeindruckt von der verbindlich bescheidenen und unaufdringlichen freundlichen Art, mit den fremdsprachigen Gästen umzugehen. Alles darf gefragt werden und wird ehrlich und offen beantwortet. Schließlich fragt ein Gruppenmitglied: „Wie machen Sie das, uns so gastfreundlich zu behandeln? Haben Sie eine spezielle Schulung gehabt, um mit kritischen Gruppen wie der unseren umzugehen?“ Die Antwort war so einfach wie verblüffend: „Nein, ich hatte keine Schulung. Ich stelle mir einfach vor, Sie wären *meine* Gäste.“

Stellen wir uns einfach vor, die Menschen, die in unsere Kirchengebäude und Gemeindehäuser kämen, wären unsere persönlichen Gäste! Und wie von selbst würden die Stapelstühle und Ständer mit veralteten Prospekten und kopierten Zetteln aus unseren Fluren verschwinden. Wie von selbst würden ergraute Gardinen und künstliche Blumen einer gastfreundlichen Atmosphäre weichen. Gastfreundschaft wirkt Wunder.

Auch Jesus suchte vom Anfang bis zum Ende seiner Tätigkeit die Hausgemeinschaft der Menschen, mit denen er seine Gemeinde bauen wollte. Es gibt nur wenige Jüngergeschichten, in denen *nicht* Brot oder Fisch, Wein oder Lammbraten gegessen wird. Das Miteinander-Essen-und-Feiern ist nicht nur ein Markenzeichen Jesu, sondern auch Teil seiner Strategie und Kultur im Umgang mit Mitarbeitenden. Diese lässt sich von der Berufung der ersten Jünger bis hin zu den nachösterlichen Erscheinungen nachweisen.

Bemerkenswert ist nun, dass Jesus genau diese Strategie auch seinen Jüngerinnen und Jüngern empfiehlt: Bei der Speisung der Fünftausend (Mk 6,32–44 par.) sind Jesu erste Worte an die Jünger, als diese ihn auf das Problem der Versorgung hinweisen: „Gebt ihr ihnen zu essen!“ (V.37a). Und als dies aufgrund der finanziellen und materiellen Knappheit bei den Jüngern zu scheitern droht, wird Jesus selbst zum Gastgeber, indem er das, was seine Jünger teilen, wunderbar vermehrt. Übrigens ein Verhalten Jesu, das er bis heute noch nicht ganz abgelegt hat. Wenn wir das, was wir haben, teilen, wird Jesus das, wovon wir leben, wundersam vermehren. Und Gemeinde lebt von ihren Mitarbeitenden. – Und von Zeit zu Zeit ist Feiern und Verwöhnen dran.[37]

Feedback-Kultur

„Schatz, du weißt doch, dass ich dich lieb habe!“ Dieser Satz wird auf Dauer keine Ehekrise vermeiden helfen. Für eine gesunde Beziehung und für das eigene Selbstwertgefühl ist es überlebenswichtig, ab und zu auch mal zu hören, warum wir geliebt werden. Komplimente sind erst dann richtig wertvoll, wenn sie inhaltlich qualifiziert werden. Also nicht: „Schatz, du weißt schon…“, sondern: „Weißt du, was ich an dir liebe?“ – und es dann auch sagen!

Mitten in Deutschland, in der Kirche, im kritisch-aufgeklärten Bildungsbürgertum haben wir weitgehend verlernt, Menschen zu bestärken und ihnen inhaltlich qualifizierte positive Rückmeldungen zu geben. Dabei brauchen wir das alle und sehnen uns danach: Menschen, die wirklich wahrnehmen, was wir tun, es wert schätzen und uns das auch noch sagen.

„Liebe deinen Nächsten wie dich selbst!“ heißt in diesem Zusammenhang: Gönn ihm nicht nur das Lebensnotwendige und verletze ihn nicht, sondern behandle ihn auch verbal so, wie du es dir für dich selber wünschst!

Es ist uns Deutschen nicht in die Wiege gelegt. Wir sind schnell mit der harten Analyse und der erbarmungslosen Kritik. Wenn deutsche Olympioniken auf Platz vier oder fünf landen, dann sprechen wir von einer Enttäuschung oder einer bitteren Niederlage, statt davon, dass hier ein Athlet oder eine Athletin die viert- oder fünftbeste Leistung in der Welt vollbracht hat. Gerade wir Christen leiden gerne und kritisieren leidenschaftlich. Für uns ist das Glas immer halbleer. Wir sehen die, die im Gottesdienst fehlen, nicht die, die kommen. Wir klagen über die fehlenden Finanzen, statt uns über die immer noch reichlich vorhandenen zu freuen.

37 Vgl. Joh 2,1–12: die Hochzeit zu Kana. Zur Vision einer gastfreundlichen Kirche vgl. bes., HENDRIKS: Gemeinde, und VORLÄNDER: Gastfreundschaft.

Nun werden wir auch in der Kirche das deutsche Wesen nicht verändern können. Aber wir können und müssen uns bemühen, die Arbeit von Menschen positiv wahrzunehmen und ihnen das inhaltlich qualifiziert rückzumelden. Positives Feedback verändert Menschen – negatives Feedback verärgert nur.

Einmal hielt ich einen Vortrag vor einer Pfarrkonferenz zum Thema *Mitarbeitende Gemeinde.* Darin appellierte ich leidenschaftlich für eine solche positive Feedback-Kultur, dass wir es lernen müssten, Menschen positiv zu bestärken und nicht auf den Defiziten noch herumzureiten. Nach dem Vortrag bat der Superintendent die Anwesenden um Rückmeldungen. Es entstand eine kurze Pause des Nachdenkens, dann hielt es offensichtlich ein älterer Kollege nicht mehr aus, dass sich niemand äußerte und durchbrach das Schweigen: „Also, wenn ich sagen soll, was mir an dem Referat fehlt…". Ich war erschüttert, nicht wegen der dann folgenden Kritik, die war weder ihm noch mir besonders wichtig. Das Erschreckende für mich war, dass ich wieder einmal merkte, wie selbstverständlich auch Pfarrerinnen und Pfarrer unter Rückmeldung etwas Negatives verstehen, das, was fehlt oder schlecht ist, und nicht das, was gefallen, was gut war. Und selbst wenn es gut oder richtig war, schaffen wir Akademiker es gelegentlich trotzdem, das Gehörte zu kritisieren, indem wir pauschal und immer richtig erklären, man könne das *differenzierter sehen* oder das sei *auch nichts Neues*.

Zu einer gemeindlichen Feedback-Kultur gehören eine Atmosphäre der gegenseitigen Wertschätzung und Annahme ebenso wie für die Mitarbeitenden verlässliche Rückmeldungen. Wer einen Auftrag erhält, muss auch eine Rückmeldung dazu bekommen. Regelmäßige Mitarbeitendengespräche sind eine Möglichkeit, dies bei Haupt- oder Nebenamtlichen zu institutionalisieren. Es gehört zu den Aufgaben der Gemeindeleitung, dafür zu sorgen, dass jede Mitarbeiterin und jeder Mitarbeitende positive Rückmeldungen auf ihre oder seine Arbeit bekommt. Es fällt dann auch viel leichter, notwendige negative Kritik anzunehmen, wenn ich weiß, sie ist auf eine grundsätzlich wertschätzende Haltung gegründet.

Wenn ein oder zwei damit anfangen, anderen positive Rückmeldungen zu geben, die nicht gekünstelt freundlich, sondern aus liebevoller Wahrnehmung inhaltlich begründet sind, wird das wie Dünger für die Gemeindekultur wirken, und es wird wachsen.

Neulich erlebte ich bei einem Gottesdienst, wie sich jemand bei den vielen Ehrenamtlichen bedankte, ohne die dieser Gottesdienst nicht möglich gewesen sei. Tatsächlich war der Gottesdienst aber fast ausschließlich von bezahlten Kräften geplant und durchgeführt worden. Und so blieb dieser Dank nichts weiter als gut gemeint, denn nicht ein Name wurde genannt, nicht ein Ehrenamtlicher bekam für die Zuhörenden ein Gesicht.

Die Kultur des Evangeliums stellt keine neuen Höflichkeitsregeln auf, sie lehrt uns vielmehr genau hinzusehen, wahrzunehmen und dann auch deutlich zu benennen, wer und was dankenswert erscheinen.

...auf den Punkt gebracht:

Die Kultur des Evangeliums lässt Gemeinden in angstfreier und gastfreundlicher Atmosphäre zusammen feiern und essen, aber so, dass immer noch ein Platz frei ist, für jeden, der mitfeiern möchte. Es ist eine anpassungsfähige und lernwillige Kultur, weil sie die Menschen und ihre Art und Weise, wie sie miteinander leben und reden, liebevoll wahrnimmt. Sie lädt ein, aber drängt sich nicht auf. Sie ist profiliert und deutlich erkennbar, aber offen für Neues. Die Kultur des Evangeliums hilft dabei, dass einer den anderen wahrnimmt und wertschätzt. So lockert sie den Boden, verbessert das Klima einer Gemeinde und ermöglicht Wachstum.

Die Kultur des Evangeliums eröffnet Raum für die Kultur der Welt und schafft sich Raum *in* der Welt, weil sie am Menschen – so wie er ist – orientiert ist. Sie ist zugleich aber auch Gegenkultur, weil sie den Menschen von seiner Geschöpflichkeit her sieht und deshalb alle menschenfeindlichen und unbarmherzigen Auswüchse der Kultur des Zeitgeistes zu überwinden trachtet.

Armut als Herausforderung für die Gemeinde

Als die kleine Gemeinde der Anhänger Jesu eines Tages so gewachsen war, dass materielle Not herrschte und seine Jünger ihn auf ein ernsthaftes Versorgungsproblem aufmerksam machten[38], speist Jesus die Fünftausend nicht einfach durch ein Wunder ab, sondern hilft seinen Mitarbeitern zu helfen: „Gebt ihr ihnen, was ihr habt." Sofort kommen die Einwände der klugen Haushalter: „Das reicht nicht. Wir haben nur fünf Brote und zwei Fische." Aber Jesus lässt sich nicht beirren und betet. Dann weist er seine Jünger an, das Vorhandene zu verteilen. Und dann erst geschieht das Wunder. Als die Jünger das, was sie haben, verteilen, reicht es für alle Fünftausend, und es bleibt für jeden von ihnen noch ein Korb übrig, – mehr als er gegeben hat.

Not-wendig war die neue Ausrichtung auf die Bedürftigen. Jesus sagt: „Nicht die Gesunden bedürfen des Arztes, sondern die Kranken." (Lk 5,31 par.)

Das Gesicht der Armen sehen

Wir haben in der westlichen Kirche Mitteleuropas den Fehler gemacht, Diakonie für eine Institution und nicht mehr für eine Säule des Glaubens zu halten. Und so konnte es geschehen, dass ganze Kirchengemeinden ihr diakonisches Engagement auf Sammlungen und Geldzahlungen reduzierten. Dies war, wenn das gespendete Geld für professionelle Hilfe eingesetzt wurde, durchaus effektiv und sinnvoll für diejenigen, die der Hilfe bedurften. Nur, und das hatte man übersehen, diejenigen, die helfen wollten und konnten, haben dabei ihr direktes Gegenüber verloren. Solange wir die Gesichter der Armen, denen wir helfen, nicht sehen, verstecken wir uns vor dem Antlitz Christi, vergeben wir die Chance, Christus zu begegnen.

38 Vgl. Mk 6,32–44; Mt 14,13–21; Lk 9,10b–17; Joh 6,1–13.

Ein Beispiel, dass mir Ann Morisy[39] erzählt hat, mag veranschaulichen, worum es bei dieser diakonischen Herausforderung der Gemeinde eigentlich geht:

> Einige Kirchengemeinden im Osten Londons haben aufgrund der akuten Notlage und Obdachlosigkeit vieler Menschen im Winter nachts Kirchengebäude geöffnet und bieten geschützte und betreute Schlafgelegenheiten. Gwen, eine alleinstehende Frau Mitte sechzig, hat sich bereit erklärt, an einem Tag in der Woche in ihrer Kirche die Armen zu empfangen und mit dem Nötigsten zu versorgen. Sie muss Kaffee kochen, Kuchen backen, Kleider waschen und einfach da sein für Gespräche und Hilfe. Gwen hat das noch nie gemacht. Sie ist unsicher, fühlt sich hilflos. Aber sie will etwas für ihren Glauben tun. Doch hat sie den Umgang mit Obdachlosen nicht gelernt. Sie fühlt sich ohnmächtig. Was tut Gwen? Sie fängt wieder an zu beten. Sie hat lange nicht mehr gebetet. Aber jetzt merkt sie, dass sie es allein nicht schaffen wird. Sie erfährt Ohnmacht und zugleich Gottes Hilfe. Sie fragt alle ihre Bekannten, ob sie waschen, backen, helfen können und bekommt auch einige Zusagen. Das Hilfsprojekt zieht Kreise über die Gemeindeglieder hinaus. Sie begegnet den Armen und sieht ihre Augen. Armut bekommt für sie ein Gesicht, ist nicht mehr anonym. Beim nächsten Mal trifft sie schon Menschen, die sie nun kennt und die sie kennen.

Diese kleine Episode macht deutlich, warum wachsende missionarische Gemeinden die sozialen Herausforderungen der urbanen Gesellschaft personal angehen sollten. Wir müssen die Augen der Armen sehen – und nicht nur ihre Not! *Unsere* Not, unsere Ohnmacht als solche auch erfahren! Vielleicht fangen wir dann wieder an zu beten und erfahren in der Schwachheit, wie mächtig Gottes Kraft ist.[40] Die Armen sind unsere Chance und nicht umgekehrt.

Eintreten für Gotteserkenntnis, Recht und Erbarmen

Es war kein Vertreter der Kirche, sondern ausgerechnet der sich selbst als *Heide* bezeichnende Gregor Gysi, der am 22. September 2004 in der Talkshow von Johannes B. Kerner darauf hin-

39 Vgl. Morisy: Journeying Out.

40 Vgl. 2 Kor 12,9: „Lass dir an meiner Gnade genügen, denn meine Kraft ist in der Schwachheit mächtig."

wies: Der *Sozialismus* hat bei der Wertevermittlung versagt. Der *Kapitalismus* kann und will keine ethischen Werte schaffen. Bei uns in Deutschland wäre lediglich die *jüdisch-christliche Religion* dazu in der Lage, den Menschen wieder Werte zu vermitteln. Dies ging einher mit dem Bedauern über den besonders in Deutschland hohen Glaubens- und Werteverlust der Menschen.

Es ist ein Armutszeugnis für unsere Kirche, dass wir uns aus dem öffentlichen ethischen Diskurs weitgehend verabschiedet haben. Kirchliche Akademien werden geschlossen, Fortbildungen, die sich mit Arbeitslosigkeit, Wirtschaftsethik und Armut beschäftigen, stoßen ausgerechnet bei Theologinnen und Theologen auf geringes Interesse.

Die christlichen Kirchen und Gemeinden stehen angesichts der weltweit und lokal immer weiter auseinanderklaffenden Schere zwischen Arm und Reich vor einer fast zu großen Aufgabe. Selbst der älteste Global Player, so Wolfgang Thierse in einem Interview, nämlich die katholische Kirche, hat die Frage der sozialen Gerechtigkeit nicht lösen können. Ein Fünftel der Weltbevölkerung besitzt heute 78-mal mehr Kapital als der Rest der Welt. Vor vierzig Jahren war das Verhältnis noch dreißig zu eins.

Der größte Teil der Menschheit lebt in Armut und ist unzureichend ernährt, und die Reichen werden immer reicher. Natürlich wäre es eine Illusion zu meinen, wir könnten diese Situation flächendeckend verändern. Aber wir müssen Augen und Ohren offen halten und das Bewusstsein dafür schärfen, was Gottes Wille ist. Die Armen vor unseren Augen werden uns dabei helfen.

> Das aber ist ein Fasten, an dem ich Gefallen habe: Lass los, die du mit Unrecht gebunden hast, lass ledig, auf die du das Joch gelegt hast! Gib frei, die du bedrückst, reiß jedes Joch weg! Brich dem Hungrigen dein Brot, und die im Elend ohne Obdach sind, führe ins Haus! Wenn du einen nackt siehst, so kleide ihn, und entzieh dich nicht deinem Fleisch und Blut!
>
> Dann wird dein Licht hervorbrechen wie die Morgenröte, und deine Heilung wird schnell voranschreiten, und deine Gerechtigkeit wird vor dir hergehen, und die Herrlichkeit des HERRN wird deinen Zug beschließen. Dann wirst du rufen und der HERR wird dir antworten. Wenn du schreist, wird er sagen: Siehe, hier bin ich. (Jes 58,6–9)

Es wäre eine fatale Fehlentwicklung in der Kirche, wenn wir den biblischen Zusammenhang von Gottesdienst, Recht und Erbarmen[41] institutionell auseinanderreißen würden. Michael Welker spricht hier von den biblischen Grundintentionen „Gerechtigkeit, Erbarmen (Schutz der Schwachen und Ausgegrenzten bzw. ihre Reintegration in die Gemeinschaft) und Gotteserkenntnis“[42]. Und der pommersche Bischof Hans-Jürgen Abromeit bringt es auf den Punkt:

> „Wahrscheinlich finden Diakonie und Gemeindeaufbau erst zueinander und die praktische Theologie ihre Einheit, wenn wir versuchen, ein Konzept zu entwickeln, das Gottesdienst und die Suche nach Gotteserkenntnis, die Verwirklichung von Recht und Gerechtigkeit sowie die Fähigkeit zum Erbarmen in gleicher Weise fördert. … Statt traditionell Verkündigung und Diakonie, Wort und Tat, Theorie und Praxis zu unterscheiden, um sie anschließend nur mit Problemen wieder zusammenbringen zu können, sollten wir beginnen, gemäß der triadischen Gemeindevorstellung gleichzeitig Gotteserkenntnis, Recht und Erbarmen anzustreben.“[43]

„Ich suche Arme.“

Schließen möchte ich diesen Abschnitt mit einer kleinen Episode, die mir ein befreundeter Lions-Club-Präsident berichtete. Die Weihnachtsfeier seines Vereins hatte eine stattliche Summe an Spenden erbracht, die er nun an einen Armen oder eine arme Familie weitergeben wollte. Seine erste Idee, die Pfarrer des Ortes zu fragen, führte zu keinem Ergebnis. Weder der katholische noch der evangelische Geistliche konnten jemanden benennen, der zurzeit in akuter Armut lebte. Nun gab mein Bekannter nicht gleich auf. Fest entschlossen, etwas Gutes zu tun, rief er bei der örtlichen Caritas und bei der Diakonie an. Doch beide Institutionen taten sich ebenfalls schwer. Man schlug ihm vor, er könne den Urlaub in einem Ferienlager in einer Einrichtung der Caritas für zwei Kinder einer kinder-

41 Vgl. dazu die Untersuchung von HANSON: Das berufene Volk.
42 WELKER: Kirche, 33.
43 ABROMEIT: Glauben, 116f.

reichen, aber materiell armen Familie bezahlen. Aber so hatte er sich die Unterstützung der Armen nun auch wieder nicht vorgestellt.

Was war schief gelaufen? Hier das Zusammentreffen von romantischen Armutsidealen mit der sozialen Wirklichkeit zu diagnostizieren würde zu kurz greifen. Auch der Rückschluss, es gäbe in westdeutschen Kleinstädten eben keine richtige Armut, verkennt das Problem. Tatsächlich greift unser soziales Netz gerade mal insofern einigermaßen zuverlässig, als zumindest theoretisch kein Mensch in Deutschland verhungern oder erfrieren muss. Auf der anderen Seite ist aber sowohl für die Kirche als auch für die in ihr repräsentierte bürgerliche Gesellschaft ein erschreckendes Maß an Unkenntnis und Kontaktscheu zu konstatieren. Aber wir brauchen die Armen und vor allem die körperliche Begegnung mit ihnen, um unseren Glauben überhaupt erst adäquat zu praktizieren. Dabei geht es nur sehr oberflächlich um die Möglichkeit zur materiellen Hilfe. Die persönliche Begegnung mit den Armen, der Blick in ihre Augen, das Kennen ihres Namens lässt uns Ohnmacht und Vollmacht zugleich erfahren: Ohnmacht, nicht so helfen zu können, wie wir gerne wollten, und Vollmacht, insofern wir ahnen und erfahren, wie Gottes Kraft in der Schwachheit mächtig werden kann.

Natürlich müssen wir keine Armen finden, wo es keine gibt. Aber das aufrichtige Beherzigen des Gleichnisses Jesu vom Weltgericht (Mt 25,31–46) und der dort von Jesus favorisierten Verhaltensweisen könnte unsere Augen und Herzen öffnen. Eine Gemeinde, die Hungrige speist, die Fremde gastfreundlich aufnimmt und Kranke und Gefangene besucht, wird nicht mehr aufhören zu wachsen, denn ihr ist verheißen, das Reich Gottes zu erben (Mt 25,35f).

...auf den Punkt gebracht:

Die Armen sind unsere Chance, selber Hilflosigkeit zu erfahren. In den Augen der Schwachen blickt uns Christus an. In der Ohnmacht ist er mächtig. Die Notwendigkeit einer organisierten und institutionalisierten Hilfe hat uns besonders in West-Deutschland die Gesichter der Not leidenden Menschen aus dem Blickfeld gerückt. Wir ertragen sie besser auf Fotos oder im Fernsehen. Gemeinde ist aber Diakonie. Deshalb sollte jede Gemeinde wenigstens ein oder zwei Projekte organisieren, die die persönliche Begegnung mit Armen, Gefangen oder gesellschaftlich an den Rand gedrängten Menschen ermöglichen.

Geistliche Leitung und modernes Management

Leitungskrise auf allen Ebenen in der Kirche

Wir befinden uns zurzeit in der Kirche in einer augenscheinlichen Leitungskrise. Es knarrt und knirscht auf allen Ebenen. Die alten Führungsinstrumente wie Ausschüsse, Stellungnahmen und Positionspapiere versagen ihren Dienst. Neue effizientere Werkzeuge der Personalplanung und Organisationsentwicklung sind zwar bereits vorhanden, werden in der Kirche gerade aber erst vorsichtig erprobt. Im Augenblick werden in verschiedenen Landeskirchen Jahres-Mitarbeitendengespräche eingeführt. Ebenso werden Zielvereinbarungsgespräche, Leitbildprozesse und Qualitätsmanagement-Systeme als nützliche Leitungsinstrumente entdeckt.

Selbstverständlich sind diese Erprobungen nur sehr vorsichtig und behutsam, was ihre Gegner aber nicht davon abhält, schon jetzt einen Verkauf des Evangeliums an die Wirtschaft zu beargwöhnen. Die Konzentration auf *das Eigentliche* wird dann durch die fortschreitende Kommerzialisierung der Kirche gefährdet gesehen.[44] Tatsächlich werden hier die falschen Alternativen diskutiert. Wir brauchen nicht mehr Management und weniger Evangelium. Wir brauchen mehr Evangelium und *besseres* Management.

So wie wir in der Seelsorge sehr viel aus der Psychologie lernen konnten, so wie wir in der Predigtlehre von Anfang an aus der Kunst der Rhetorik profitiert haben, so sollten wir auch heute Erkenntnisse aus der Betriebswirtschaftslehre für Aufbau, Organisation und Arbeitsweise unseres *Betriebes* Kirche prüfen

44 Vgl. etwa CHRISTIAN MÖLLERS Polemik mit Blick auf Barmen III: „1934 war dieser Verwerfungssatz gegen die missionarischen Gemeindeaufbaubestrebungen der Deutschen Christen gerichtet. Seine Gültigkeit ist heute fast noch größer, wenn man die neuen Bestrebungen verfolgt, die Kirche möglichst marktförmig auf dem Markt der Sinnanbieter zu platzieren." in: DERS.: Grenzen, 106, und dazu DIETZ: Marketing, 18–35.

und das Gute übernehmen. Das sind Selbstverständlichkeiten, von denen uns nur ein gehöriges Maß an Arroganz abhält, sie anzuwenden. Uns fehlen Techniken und Prinzipien des modernen Managements. Aber die können und werden wir erlernen, weil – wenn nicht die Einsicht – so doch die zunehmende Finanzknappheit uns dazu zwingen wird. In einigen kirchlichen Fortbildungseinrichtungen wird schon fleißig daran gearbeitet.

Geistliche Leitung

Meines Erachtens liegt das eigentliche Leitungsproblem in der Kirche aber viel tiefer als die oben angedeuteten Fehler im Management. Wir haben große Schwierigkeiten mit der geistlichen Leitung. Die Brisanz dieses Problems wird aber erst deutlich, wenn dieser Satz in kirchlichen Kreisen zur Sprache kommt. Fast jeder stimmt dieser Analyse nämlich zu. „Jawohl, wir brauchen mehr geistliche Leitung!" Fragt man dann allerdings nach, was eigentlich unter geistlicher Leitung zu verstehen sei, schweigen diejenigen, die eben noch heftig für sie gestritten haben. Allenfalls wird noch der Ruf nach mehr episkopalen, also bischöflichen Strukturen laut, dies allerdings besonders bei Leuten, die unter der Langatmigkeit der presbyterial-synodalen Entscheidungswege leiden. Ein Mitarbeiter aus einer lutherischen Kirche Ostdeutschlands sagte mir einmal ironisch: „Wenn bei uns in der Kirche von geistlicher Leitung geredet wird, dann meinen wir, der Bischof entscheidet, ohne andere fragen zu müssen."

Um uns dem Inhalt dessen, was geistliche Leitung bedeutet, zu nähern, ist es zunächst hilfreich wahrzunehmen, dass es verschiedene Leitungstypen gibt. In Leitungstypologien wird häufig – wenn auch in einer gewissen sprachlichen Varianz – unterschieden zwischen

1. eher *charismatisch, visionären* Leitungspersönlichkeiten,
2. *aufgabenorientierten* und
3. *beziehungsorientierten* Persönlichkeiten, die Zusammenarbeit und Verantwortungsbewusstsein fordern.

Inspiriert durch den amerikanischen Wahlkampf 2004 haben Psychologen bei Untersuchungen an Studierenden festgestellt, dass Menschen, die besonders starke Angst vor dem Tod haben, eine signifikant ausgeprägte Vorliebe für den zuerst genannten charismatischen Führungstyp haben. Ein erklärliches Verhalten, gibt doch gerade dieser Leitungstyp Sicherheit und stärkt durch die Identifikationsmöglichkeit das verloren geglaubte Selbstwertgefühl.[45]

Die *Kirche* sollte die Angst vor dem Tod überwunden haben; und Mitgliederschwund und zurück gehende Finanzen sollten sie nicht dazu verleiten, in unsicheren Zeiten laut nach mehr starken charismatischen Führungspersönlichkeiten zu rufen und wieder mehr bischöfliche Entscheidungswege herbeizusehnen. Wir leben nicht mehr im zwanzigsten Jahrhundert und akzeptieren auch in Mitteleuropa keine autoritären Führungsgestalten mehr, auch wenn der Ruf nach ihnen noch nicht ganz verhallt ist. Tatsächlich brauchen wir in der Kirche – wie wir gesehen haben – ja auf allen Leitungsebenen Menschen, die Visionen haben und bereit sind, die Zukunft positiv und nachhaltig zu gestalten. Aber wir brauchen genauso dringend Leitende, die in der Lage sind, die Geleiteten an den Entscheidungsprozessen partizipieren zu lassen und Verantwortung zu teilen. Gesunde Leitungsstrukturen fördern ein möglichst hohes Maß an Eigenverantwortlichkeit und Kompetenz bei den Mitarbeitenden und entsprechen insofern den Erkenntnissen eines modernen Leitungsmanagements.

Die Zusammensetzung vieler kirchlicher Gremien aus haupt- und ehrenamtlichen Mitgliedern führt allerdings nicht selten zu einer Entmündigung der Ehrenamtlichen und zu einer unguten Machtkumulation bei den Hauptamtlichen. Ein gelegentlich ausuferndes Ausschusswesen kommt hinzu, in dem die Ausschüsse zwar eingesetzt, aber nicht wirklich zu Entscheidungen ermächtigt und mit Verantwortung ausgestattet sind.

45 COHEN u.a.: Attraction, 846-851.

Leitung sollte heute nicht mehr im Gegenüber, sondern im Miteinander geschehen. Damit ist keine romantische Regression zu antiautoritären, basisdemokratischen Idealen gemeint, sondern die gemeinsame Identifikation und Verantwortungsübernahme für die Unternehmensziele von Kirche und Gemeinde.[46]

Kirche und Gemeinde werden als Institutionen nur gesunden, wenn Leitung in der ausgeführten Weise *zukunftsorientiert-visionär, personenorientiert-partizipatorisch und sachorientiert-kompetent* geschieht. Geistliche Leitung ist dabei kein viertes Superadditum, sondern sie muss in jeder Form von Leitung zum Zuge kommen.

- Sie bewahrt die *Visionäre* vor Phantastereien, indem sie die Visionen an den biblischen Verheißungen orientiert. Sie schützt vor zuviel Episkopalismus, „Priesterlichkeit" und Überheblichkeit indem sie daran erinnert, dass Jesus Christus und kein Amtsträger Mittler zwischen Gott und Menschen ist.
- Geistliche Leitung schützt den *partizipatorischen* Leitungsstil vor zuviel Laisser-faire und der Gefahr des Parlamentarismus, weil sie – gestützt auf Gebet und Gotteserkenntnis – bereit ist, Entscheidungen zu treffen und dazu zu stehen.
- Geistliche Leitung bewahrt den *sachorientierten* Leitungsstil vor der Gefahr der Technokratie, indem sie alles Handeln der Kirche am Menschen orientiert und an der Liebe zum Nächsten ausrichtet.

Männer und Frauen, die geistlich leiten, lassen ihre Visionen biblisch inspirieren, setzen ihre Prioritäten theologisch verantwortet, machen ihre Ziele zu Gebetsanliegen und schöpfen ihre Kraft aus der Begegnung mit dem göttlichen Geist. Geistliche Leitung ist keine Geheimlehre innerhalb der Kirche oder eine bestimmte Führungstechnik, sie ist vielmehr leitendes Handeln, das den Verheißungen Gottes vertraut und mit seinem heilstiftenden Handeln in allen Vollzügen rechnet. Sie ist zugleich bibel- und personorientiert.

46 Zum Verhältnis von Teamarbeit und Mitarbeiterführung vgl. das hilfreiche Buch von PAUL CH. DONDERS: Mitarbeiter fördern und fordern.

Führungskräfte, die geistlich leiten, brauchen sowohl regelmäßige Zeiten der Stille und der Schriftmeditation wie auch geistlichen Austausch mit anderen und gemeinsames Gebet, in dem sie selbst mitgetragen und gestärkt werden. Dies verlangt in einem hohen Maß geistliche Disziplin und ein gutes Zeit- und Selbstmanagement. Wer sich dazu nicht in der Lage sieht, sollte in diesen Zeiten nicht leiten.

Leitung in Teams – geteilte Verantwortung

Trotz seines Wissens um Askese und Frömmigkeit hält es Jesus nicht in der Wüste. Und trotz seiner Redebegabung und seiner Fähigkeit, Wunder zu wirken, sucht er von Anfang die Unterstützung von Mitarbeitern und später auch Mitarbeiterinnen. Er sucht seine Jünger unter Menschen aus, die er kennt und die ihm vertrauen.

Wenn wir heute als Gemeinde, die wachsen möchte, Mitarbeitende gewinnen wollen, müssen wir sie kennen. Sie müssen Grund haben, uns zu vertrauen. Vielleicht haben wir ihre Schwiegermutter ja nicht gerade geheilt – wie Jesus bei Petrus – aber sie schon besucht, oder mit ihnen ihre Feste gefeiert, ihre Sorgen durchlitten. Es muss ja nicht gleich Wasser zu Wein sein, aber das ein oder andere ausgegebene Bier kann eine solide Grundlage für eine lange und gute Zusammenarbeit sein. Schließlich sollten wir uns auch nicht zu fein sein, Menschen wirklich um Hilfe zu bitten. Geborenen Helfern und berufenen Helferinnen fällt es nicht immer leicht, Hilfe von anderen in Anspruch zu nehmen.

Schon bei LUKAS wird die frühe Kirche nicht durch einzelne Personen oder eine Gruppe, sondern durch verschiedene *Teams* geleitet: Das sind neben dem Zwölferkreis, den Frauen (Lk 8,2f, 24,10), den in Zweierteams entsandten Zweiundsiebzig (Lk 10,1f), den Emmaus-Jüngern, auch Paulus und die sieben Armenpfleger. Dies sind historische Erinnerungen an ein Prinzip, nach dem Leitung in der Kirche geschehen soll.

Die Worte Jesu in Mt 18,20 „Denn wo zwei oder drei versammelt sind in meinem Namen, da bin ich mitten unter ihnen.“ haben ja wohl nicht die Funktion, unsere leer gewordenen Gottesdienste zu legitimieren – auch wenn sie dafür häufig missbraucht werden. Sie verdeutlichen vielmehr ein Grundprinzip der Nachfolge Jesu: „Je zwei und zwei.“[47]

Keiner soll den Dienst im Auftrag Jesu allein tun. Selbst Paulus ist nicht alleine losgezogen und Petrus hatte seine Familie dabei! Gemeinde und Nachfolge Jesu Christi ereignet sich nur in Gemeinschaft!

Auch Pfarrerinnen oder Pfarrer brauchen *notwendig* Menschen, die mit ihm zusammen nachfolgen, Gottesdienst feiern und andere zur Nachfolge einladen. Das heißt, Gemeinde Jesu Christi ist nicht als Gegenüber, sondern von Anfang an als Miteinander angelegt. Nicht das Amt selber, sondern das Teilen der Macht mit Schwestern und Brüdern legitimiert, sie auch auszuüben. Dabei verstehe ich unter Leitung im Team nicht das klassische Modell „der Pastor und seine Mitarbeiter“, bei dem dann in Wirklichkeit alle rechenschaftspflichtigen Angestellten einer Gemeinde zu einem Team erklärt werden. Unsichere Leiter kontrollieren und schaffen Abhängigkeiten. Gute Leiterinnen befähigen und ermöglichen.

„Vom Ich zum Wir. Vom Gegenüber zum Miteinander.“ Diese theologische Grunderkenntnis zur gemeindlichen Maxime zu machen, heißt auch für Pfarrerinnen und Pfarrer: Nicht „Ich leite oder manage die Gemeinde“, sondern: „Wir leiten.“

Jesus selbst gibt Macht und Verantwortung ab und ermächtigt seine Mitarbeitenden, indem er sie in eine Dienstgemeinschaft stellt (Mt 18,18–20):

> Wahrlich, ich sage euch: Was ihr auf Erden binden werdet, soll auch im Himmel gebunden sein, und was ihr auf Erden lösen werdet, soll auch im Himmel gelöst sein. Wahrlich, ich sage euch auch: Wenn zwei unter euch eins werden auf Erden, worum sie bitten wollen, so soll es ihnen widerfahren von meinem Vater im Himmel. Denn wo zwei oder drei versammelt sind in meinem Namen, da bin ich mitten unter ihnen.

Seine ureigenste Macht, das, was ihn ausmacht, seine Vollmacht zu heilen, zu vergeben, ja zu binden und zu lösen, gibt er in die Hände seiner Nachfolgerinnen und Nachfolger. Heute würde man neudeutsch von *Empowerment* sprechen.

47 Vgl. Mk 6,7; Lk 10,1; Mt 18,19f.

Daher haben wir auch die Autorität, Menschen für den Auftrag Jesu in Anspruch zu nehmen und zu berufen. Wir müssen nicht prophylaktisch ihre tausend möglichen Einwände vorwegnehmen, nur um uns selbst vor möglichen Enttäuschungen prophylaktisch zu schützen, indem wir es gar nicht erst versuchen, sie zu gewinnen. Wir berufen Mitarbeitende im Namen und Auftrag Jesu. Daher und nur daher haben wir die Autorität dazu. Und wir tun es nicht allein. Dies scheint mir das entscheidende Korrektiv zu der Machtfülle zu sein, mit der Jesus uns ausstattet. Wir haben sie nicht allein!

Der Erfolg der Ameise

Welche Eigenschaft hat es eigentlich der unscheinbaren Ameise ermöglicht, seit der Kreidezeit als eines der erfolgreichsten Lebewesen in der Welt zu überleben?

Es war ihr ausgeprägter Teamgeist verbunden mit ihrer Kommunikationsfähigkeit! So haben beispielsweise einige Blattschneideameisen eine erstaunliche Arbeitsteilung. Einige Ameisen schneiden Blattstücke ab, die zu Boden fallen. Andere transportieren sie zum Nest, wo sie von wieder anderen Spezialistinnen als Humus für die Aufzucht von Pilzen verwendet werden, die dann wiederum als Nahrung für den Nachwuchs dienen. Es ist weder Kraft, noch Größe, noch Intelligenz Einzelner, sondern lediglich die gute Teamarbeit, die Ameisen überleben und ihre Organisationen wachsen lässt.

Dass man von ihnen viel lernen könnte, weiß schon die Bibel: „Geh hin zur Ameise, du Fauler, sieh an ihr Tun und lerne von ihr!“ (Spr 6,6)[48]

Matrixmodell statt hierarchischer Leitung

Bob Hopkins von der Anglikanischen Church Planting Initiative stellt kirchliche Leitungsmodelle, wenn auch vereinfachend, so doch sehr elementar und überzeugend, mit Hilfe eines Dreiecks dar:

48 Vgl. auch Spr 30,24f: Sie gehören zu den „Kleinsten auf Erden und doch klüger als die Weisen: die Ameisen – ein schwaches Volk, dennoch schaffen sie im Sommer ihre Speise“.

Ein nach unten ausgerichtetes Dreieck verdeutlicht das *eher presbyterial-synodale Modell.* Oberstes Gremium ist die zahlenmäßig dann auch meist sehr üppig besetzte Synode. Alle wichtigen Entscheidungen müssen von der Basis und durch deren direkte Vertretung getroffen oder bestätigt werden.

Vorteile sind die Beteiligung der Basis und die Mitbestimmungsmöglichkeiten. Nachteile sind die Langwierigkeit der Prozesse und das Phänomen, dass aufgrund mangelnder Beteiligung dann doch wieder nur einige für andere die Entscheidungen treffen.

Das nach oben spitz zulaufende Dreieck steht für eine streng *hierarchische bischöfliche Kirchenleitung* – also das eher katholische Modell. Je höher die Leitungsebene, umso weniger Personen sind verantwortlich. An der obersten Spitze der Leitungspyramide steht demzufolge auch nur eine Person, eine Bischöfin oder der Papst. Vorteile sind die Möglichkeit schneller Entscheidungen und klarer Richtungsanweisungen. Nachteile liegen in den geringen Partizipationsmöglichkeiten der Basis und der Schwierigkeit Fehlentscheidungen und Fehlbesetzungen zu korrigieren.

Matrix- oder Clustermodell: Bob Hopkins macht nun den einleuchtenden Vorschlag, statt das Top-Down-Prinzip älterer Leitungsmodelle umzukehren und in neue Schwierigkeiten zu geraten, einfach die Verantwortung von Leitungspersonen horizontal zu betrachten. Leitung geschieht dann nicht stabförmig, sondern in Clustern. Der Vorteil ist, dass jede Leiterin, jeder Leiter ihren oder seinen Bereich hat, für den sie oder er verantwortlich ist. Als Nachteil ließe sich lediglich die erheblich höhere Komplexität eines solchen Leitungssystems anführen, die aber der sich immer mehr differenzierenden Wirklichkeit eher gerecht wird.

Während in den beiden oben genannten Leitungsmodellen Leitung die Aufgabe der *Kontrolle* hat und diese von oben nach unten geschieht, ist es in dem Matrixmodell Hauptaufgabe der Leitenden, nach Innen multiplikatorisch und nach Außen richtungweisend zu wirken. Leitung im Matrixmodell hat eine

Vision von der Richtung, in der sich Kirche entwickeln wird, sie hat eine Inspiration von dem, was Gott will, und sie will nicht kontrollieren, sondern ermöglichen, befähigen und freisetzen.

Ein Beispiel für das *Clustermodell* bietet die Gemeindestruktur der St.-Thomas-Gemeinde in Sheffield. Die Skizze zeigt deutlich, dass hier keine Leitung an der Spitze eines Systems steht, sondern Leitung nur horizontal erfolgen kann, etwa durch Vorgabe der geistlichen Themen, die in den einzelnen „*Celebrations*"[49] und dort

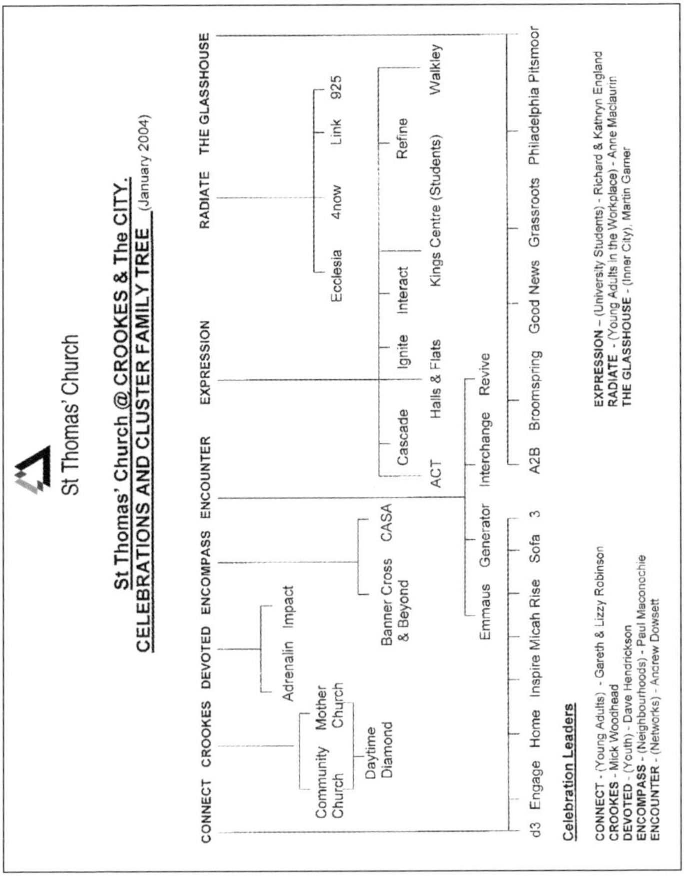

49 *Celebrations* sind Zusammenschlüsse von Kleingruppen *(Cells)*. Sie werden in anderen Gemeinden auch *Clusters, Congregations* oder *Pastorates* ge-

innerhalb der zahlreichen *Cell-Groups* besprochen werden sollen. Die angegebenen *Celebration-Leaders* sind in der Regel Laien. Die Zusammensetzung der *Celebrations* ist unterschiedlich, mal geographisch bedingt *(Inner City)*, mal soziologisch *(Young Adults in the Workplace)* oder auch funktional *(Networks)*.

In einem derartigen Clustermodell funktioniert Leitung dann auch nur in Form einer Matrix.[50] Bob Hopkins stellte mir dafür folgendes Modell zu Verfügung:

Matrix for Networked Church

	Communities of Faith		
Resourcing	Cell	Cluster	Congregation
Communication			
Finance			
Training			
Youth & Children			

Diese Matrix beschreibt, wie sich Leitungsprozesse für die Bereiche Kommunikation, Finanzen, Training, Jugend und Kinder in allen Gruppierungen der organisierten Glaubensgemeinschaft realisieren – von der kleinen Zelle, über die Cluster bis hin zur verfassten Gemeinde.

In Deutschland sprechen wir aufgrund unserer Geschichte nicht gerne über Führung und Leitung. Auch in der Kirche sind moderne Leitungskonzepte noch nicht etabliert. Es bleibt ein großes Desiderat an Wissenschaft und Kirche, solche theologisch und systemtheoretisch begründete Matrixmodelle als konkrete Leitungskonzeptionen für Gemeinden zu entwickeln und umzusetzen. Eine hilfreiche Ausgangsbasis für solche Modelle könnte die *vierte These der Barmer Theologischen Erklärung* sein:

genannt. Die Idee einer solchen *Cluster-Church* geht meines Wissens zurück auf ALAN J. ROXBURGH: Congregation.

50 Zumal sich eine solche *Cluster-focussed church* auch ständig durch Teilung und Neugründung einzelner Zellen verändert, wie Mitarbeitende aus St. Thomas bestätigen.

Die verschiedenen Ämter in der Kirche begründen keine Herrschaft der einen über die anderen, sondern die Ausübung des der ganzen Gemeinde anvertrauten und befohlenen Dienstes.

Wir verwerfen die falsche Lehre, als könne und dürfe sich die Kirche abseits von diesem Dienst besondere, mit Herrschaftsbefugnissen ausgestattete Führer geben oder geben lassen.

...auf den Punkt gebracht:

Geistliche Leitung hat eine Vision von der Richtung, in der sich Kirche entwickeln wird, sie hat eine Inspiration von dem, was Gott will, und sie kontrolliert nicht, sondern ermöglicht, befähigt, ermächtigt und setzt frei.

Das Matrixmodell ist eine Möglichkeit, wie sich auch in der Kirche moderne und menschenfreundliche Leitungsformen durchsetzen könnten. Eine solche Form der Leitung könnte wegweisend für eine wachsende Kirche sein. Ihre Aufgabe wäre, Visionen für die Zukunft zu entwickeln und die Richtung zu benennen, in die es gehen soll. Dabei würde Leitung sowohl als geistliche Leitung als auch im Sinne eines unterstützenden Managements praktiziert – aber eben innerhalb eines Leitungsteams von unterschiedlichen Menschen.

Alternative Gottesdienste

Erst wenn ich die Haltung *Vom Ich zum Wir* und *Vom Gegenüber zum Miteinander* existenziell begriffen habe, werde ich keine Gottesdienste mehr *halten* oder gar *haben*, sondern anfangen, sie zusammen mit anderen zu feiern. Die Frage nach der Form ist dann der Frage nach der Partizipation derjenigen, die ihn feiern, nachgeordnet. Denn die echte Beteiligung der Menschen, die den Gottesdienst feiern, ist wichtiger als das Festhalten an einer bestimmten Form. Der klassisch-liturgische Sonntagmorgens-um-Zehn-Gottesdienst ist nicht sakrosankt, sondern historisch gewachsen. Die ersten Christen haben ihre Gottesdienste zweimal am Tag des Herrn gefeiert, nämlich vor Sonnenaufgang und nach Sonnenuntergang, also – da es noch keine kirchlichen Feiertage gab – vor und nach der Arbeit. Wesentliche Elemente waren das gemeinsame Brotbrechen und das gemeinschaftliche Gebet.

Freie Formen statt liebloser Liturgie

Die Freiheit des Evangeliums verlangt auch Freiheit in der Gestaltung gottesdienstlicher Formen. Es gibt keinen theologischen Grund, von Haupt- und Nebengottesdiensten zu sprechen. Wir brauchen heute gottesdienstliche Formen, Orte und Vollzüge, die den Menschen, für die sie gemacht werden, entsprechen. Wir brauchen keine dogmatisch reduzierte gottesdienstliche Monokultur in einer sich immer stärker differenzierenden Gesellschaft. Das heißt, liebevoll und liturgisch sorgfältig gestaltete Morgengottesdienste sind genauso wichtig wie Rockmessen, meditative Gottesdienste für Erwachsene, Krabbelgottesdienste und *Mid-Week-Gottesdienste* (etwa am Mittwoch-Abend) für berufliche Pendler, die nur am Wochenende bei ihrer Familie sein können. Phantasievolle Orte und Formen, moderne und klassische Musikstile, neue Zielgruppen und Zeiten sind keine Konkurrenz zum „traditionellen“ Gottesdienst, sondern erweitern das Spektrum. Sie sind aber gerade deshalb Kennzeichen in allen wachsenden Gemeinden, weil sie Ausdruck einer veränderten Kultur im Umgang mit den Menschen sind. Wachsende Gemeinden warten nicht, bis die Menschen kommen, die sich an ihre traditionelle Formen gewöhnt haben, sondern suchen nach Möglichkeiten auch gottesdienstlicher Art, die den Menschen entsprechen, die erst noch kommen sollen. Für sie sind die Gottesdienste Ausdruck ihrer Identität *und* ihrer Offenheit für andere.[51]

Durch meine Arbeit als stellvertretender Leiter eines relativ großen kirchlichen Bildungsinstituts bekomme ich immer wieder die Gelegenheit, an Gottesdiensten anlässlich von Einführungen, Jubiläen oder Verabschiedungen teilzunehmen. Mich erschüttert dabei fast regelmäßig, mit wie viel Nachlässigkeit und liturgischer und inhaltlicher Schludrigkeit Gottesdienst gefeiert wird:

- Mehrfach habe ich schon erlebt, wie Gottesdienste nicht im Namen Gottes, des Vaters, des Sohnes und des Heiligen Geistes eröffnet wurden, sondern im Namen eines Kreissynodalvorstandes oder eines Hausherrn.
- Da wird im Gebet nicht mit Gott, sondern zur Gemeinde geredet. Besonders bei den Fürbitten ist die Versuchung ja groß, Informationen zu geben, die sicher nicht Gott, möglicherweise aber die mitbetende Gemeinde noch gebrauchen könnte.
- Der Gott der Bibel wird zum „guten Gott“ evaluiert.
- Da werden Verse statt Strophen gesungen und der Orgel statt namentlich der Organistin gedankt.
- Kreuz und Segen werden in willkürlichen Gesten so durch den kirchlichen Raum geschleudert, dass zwischen Schreibmaschineschreiben und Verteidigungshaltung im Kampfsport jeder willkürlichen Assoziation Tür und Tor geöffnet sind.

51 Wer sich einmal für wirklich postmoderne Gottesdienste interessiert, dem seien Buch und CD-Rom „Alternative Worship“ von JONNY BAKER empfohlen.

Diese Beispiele sind willkürlich und könnten nach Belieben erweitert oder anders benannt werden. Mir kommt es nicht darauf an, auf einzelnen Fehlern oder Missverständnissen „herumzureiten". Fehler passieren immer und sind auch nicht-das Problem an sich. Nur frage ich mich sehr ernsthaft: Was sagt das über unsere klassische Liturgie, wenn nicht einmal die Profis sie perfekt beherrschen? Hat sich unsere Form überholt, oder sind diese Gottesdienste nur Spiegelbild der geistlichen Krise, in der die Kirche steckt?

Musik

Musik und Religion waren immer eng miteinander verwoben. Musik ist in der Lage, Seiten des Menschen anzusprechen, die sehr eng mit seinen religiösen Erfahrungen korrespondieren. Musik kann (göttliche) Räume eröffnen und stellt zwischen Musizierenden und Hörenden eine Beziehung her, die weit über akustische Wellenbewegungen hinausgeht.

Wachsende Gemeinden werden sich der modernen und klassischen Musikkultur nicht verschließen, sondern sie nach Möglichkeit fördern, um ihre Chancen zu Gemeindeaufbau und Identitätsstiftung zu nutzen. Dabei sei vor jeder Monokultur gewarnt. Es gibt ebenso unübertroffene Bachfugen wie bewegende Anbetungslieder und mitreißende Gospels! Ob Barock, Rock oder Renaissance, alle Musikstile verdienen eine sorgfältige Gestaltung und Interpretation. Scheppernde Orgeln, ungestimmte Flötenchöre und Senioren-Kantoreien können Musikliebhabende ebenso schmerzen wie zu laute E-Gitarren oder Perkussion. Außerdem wäre das einseitige Festhalten – an welchen Musikstilen auch immer – zutiefst unchristlich, da es den eigenen Geschmack absolut setzt und die Bedürfnisse des Nächsten ignoriert. Natürlich muss es auch musikalische Zielgruppengottesdienste mit einem profilierten Musikstil geben, aber eine im Sinne des Evangeliums den anderen zugewandte und offene Haltung würde in klassisch orientierten Gottesdiensten immer auch ein oder zwei neuere geistliche Lieder anstimmen lassen und etwa in Anbetungsgottesdiensten nicht auf wenigstens einen schönen Choral verzichten.

Übrigens sei zu dem kirchlichen Monopolinstrument Orgel noch eine bissige Bemerkung erlaubt: Eine Orgel kann auch *so* gut gespielt werden und ein Organist sich *so* ideenreich in der Liedbegleitung verwirklichen, dass der Gemeindegesang dabei deplaziert und überflüssig wirkt.

Gemeinsames Singen und das Erleben von Musik stiftet Beziehung, ist Ausdruck für Identität und öffnet uns für den Geist Gottes. Christliche Liedtexte transportieren die christliche Botschaft über Gebäudeschwellen und kulturelle Grenzen hinweg zu den Menschen, die sich davon bewegen lassen. Musik zwingt nicht, aber sie wirbt, lädt ein und fördert selbst bei unmusikalischen kleinen Pflänzchen das Wachstum.

Deshalb darf es auch kein einseitiges Festhalten an bestimmten Musikstilen geben. Die unselige Zeit des Nationalsozialismus hat in Deutschland dazugeführt, dass die zwei Jahrzehnte internationale Musikentwicklung auch in der Kirche zunächst völlig ausgeblendet wurden. Während sich in Amerika der Rock'n-Roll aus den Quellen der schwarzen Gospelmusik speiste, war diese Musik in Deutschland zumindest in den Kirchen verpönt. Selbst renommierte Plattenfirmen hatten Schwierigkeiten mit Elvis Presley, der Gospel sang und mit schwarzen Musikern musizierte. Die derzeitige Wiederentdeckung der Gospelmusik in den Kirchen kommt eigentlich zwanzig Jahre zu spät. Die Generation derjenigen, die mit Elvis, den Stones und den Beatles groß geworden sind, geht gerade in den Ruhestand. Die meisten Kirchenmusiker dagegen sind nicht darin ausgebildet, Lieder so zu begleiten, dass sie für diese Generation, der mit Rockmusik alt gewordenen Kirchgänger, so anregend klingen, wie sie etwa in dem Film *Sister Act* Millionen begeistern. Die Gospel-Bewegung hat das große Verdienst, eine Musik in die Kirchen gebracht zu haben, die der Generation der 40–60-Jährigen wenigstens annähernd entspricht, weil sie sich aus den Wurzeln der Rockmusik speist. Außerdem hat sie sich in den letzten Jahren für den zweiten großen musikalischen Bereich der aktuellen geistliche Musik geöffnet, nämlich der *Worship-Music,* also der Lobpreis- und Anbetungsmusik.

Eine Gemeinde, die mit Alt und Jung fröhlich singt und musiziert und dabei keine musikalischen Scheuklappen aufhat, eine Gemeinde, die Musik liebt und fördert, wird wachsen –

nicht nur musikalisch. Die Chancen, die für christliche Gemeinden in der Entwicklung einer profilierten Musikkultur liegen, sollten nicht durch eine zu einseitige Verteilung von Geldern im klassischen Bereich (Orgel, Choral und Kantorei) blockiert werden. In der Zukunft werden wir Gemeinden brauchen, die entweder in der klassischen oder in der modernen Musik (Band, Anbetungsmusik, Gospelchor) richtig gut sind, aber auch Gemeinden, die beides pflegen, und bei denen sich Orgel, Posaunen und Band in der Liedbegleitung abwechseln.

Von der Performance zur Beteiligung

Sowohl in der Praxis vieler Gemeinden als auch in der Theoriebildung innerhalb der Praktischen Theologie gab es in den neunziger Jahren eine starke Tendenz, Gottesdienste stärker als *Event* und *Performance* zu gestalten.[52] Diese sehr stark aus Amerika kommenden Tendenzen haben zwar völlig zu Recht die Wichtigkeit einer frei vorgetragenen Predigt betont und kreative und adressatenfreundliche Wege der Inszenierung des Wortes Gottes entwickelt. Videobeamer und Show-Sequenzen sind Markenzeichen solcher modernen Gottesdienste geworden. Nicht immer konnte dabei jedoch der Gefahr gewehrt werden, die Inszenierung selbst auf Kosten des Inhalts oder der Orientierung an den Adressaten zu sehr in den Mittelpunkt zu stellen. Wirklich postmoderne Gottesdienste werden dagegen Wege von der Bühne herab zu den Menschen suchen, die den Gottesdienst feiern. Statt ein bestimmtes Gottesdienstbild zu produzieren oder zu inszenieren, werden sie die verschiedenen Kulturen der Menschen im Gottesdienst sensibel wahrnehmen und Möglichkeiten eröffnen, Glauben zu erfahren und zu gestalten. Ihre Welt und ihr Glaube wird nicht ausgeblendet, sondern in die Begegnung mit dem Heiligen hineingekommen.

52 Vgl. NICOL: Homiletik, 1049–1066.

Je mehr Menschen an diesen Gottesdiensten beteiligt sind, umso heilsamer und geistvoller werden sie sein. Man wird in diesen Gottesdiensten Menschen begegnen, die ihren Glauben authentisch Gestalt werden lassen und ehrlich darüber kommunizieren. Wie solche postmodernen Gottesdienste aussehen, wird man nicht in Amerika lernen, sondern nur im mutigen Vollzug und im authentischen Aufnehmen der eigenen Kulturen.

…auf den Punkt gebracht:

In den letzten Jahrzehnten haben fast alle Gemeinden, die augenscheinlich wachsen, neue Gottesdienstformen etabliert.[53] Sowohl regelmäßige Gottesdienste im zweiten Programm als auch neue geistlich Musik sind kennzeichnend für diese Gemeinde. Sie erschließen neue Zielgruppen und öffnen Menschen geistliche Räume. Nicht selten haben alternative Gottesdienste zu Gemeindegründungen geführt oder beigetragen. Die Zeiten, wo neue und alte Gottesdienstformen und Musik alternativ diskutiert und gegeneinander ausgespielt wurden, sind jedoch vorbei. Solche Alternativen sind unchristlich. Eine Gemeinde, die wachsen will, muss behutsam und offen neue Formen ausprobieren, ohne ihre alten zu vernachlässigen. Sie wird dabei besonders die Menschen im Blick haben und das, was ihnen hilft, Gott zu feiern.

Ein wichtiges Qualitätsmerkmal solcher alternativen und postmodernen Gottesdienste wird die Beteiligung der Menschen sein, die sie feiern, und die Authentizität derjenigen, die sie organisieren.

53 Vgl. dazu programmatisch DOUGLASS/SCHEUNEMANN/VOGT: Ein Traum von Kirche.

Glaube, Gebet und Geist

Glaube

Eine Kirche, die wachsen will, muss glauben, *dass* sie wachsen kann und soll. Und sie muss wissen, woher sie kommt und wohin sie geht.

Wer offenen Auges durch die kirchliche Landschaft geht, kann einen Megatrend deutlich erkennen. Vom engagierten Laien zum ausgebrannten Priester, von der Eine-Welt-Aktivistin zur Gemeindepfarrerin, von liberal bis konservativ, von politisch bis missionarisch – es gibt eine neue gemeinsame Sehnsucht nach Glaubenserfahrungen, die mit dem Namen Spiritualität ihre signifikante Überschrift gefunden haben.

Die „unheimliche Sehnsucht nach Religiösem"[54] hat auch die Kirche ergriffen, und alles, was Erfahrungen des Heiligen garantiert, wird gerne in Anspruch genommen. Besonders die protestantische Theologie hat hier einen solchen Nachholbedarf, dass ihr gelegentlich die Pferde durchgehen, und Zen-Buddismus, Schakrenlehre und Bachblütentherapie mit christlichen Exerzitien, Leibübungen und Schöpfungsbewusstsein verwechselt werden. Der Theologe Siegfried Zimmer hat mehrfach darauf hingewiesen, dass im Protestantismus aufgrund der Lehre von der Rechtfertigung häufig sehr einseitig eine Erlösungsspiritualität und zu wenig eine Schöpfungsspiritualität vertreten würde. In den überaus gut besuchten „Nachteulen-Gottesdiensten" in Ludwigsburg versucht er zusammen mit Pfr. Georg Schützler, Menschen Erfahrungen ihres Geschaffenseins zu ermöglichen[55]. Durch Stille, einfache Atemübungen, meditative Musik und angeleitete Körperübungen werden behutsam und ganzheitlich Räume für Schöpfungsspiritualität geöffnet.

Wie auch immer Glaubenserfahrungen ermöglicht werden, es gibt keine wachsenden Gemeinden, in denen dies nicht ein zentraler Bestandteil des Gemeindelebens wäre. Hier können

54 Vgl. NÜCHTERN: Die unheimliche Sehnsucht nach Religiösem.

55 Vgl. ZIMMER/SCHÜTZLER: Nachteulen-Gottesdienste, und dies.: Spiritualität.

Menschen Glauben suchen, Glaubenden begegnen und ihren Glauben leben. Glaube kann nicht gemacht werden, aber es gehört zu einem entscheidenden Qualitätsmerkmal von Gemeinden, ob sie Glaubenserfahrungen ermöglichen.

Eine gesunde wachsende Gemeinde wird auch dafür sorgen, dass in ihr der christliche Glaube nicht einseitig gefordert oder vertreten wird. Christlicher Glaube ist eben nicht nur die ganzheitliche Erfahrung des Geschaffenseins, er ist nicht nur die ethische Ausrichtung an der Person Jesu und er ist auch nicht nur das charismatische Erfülltsein von Gottes Geist. Ein gesunder christlicher Glaube wird immer eine trinitarische Ausrichtung suchen, das heißt: *geschaffen von Gott, erlöst in Christus und erfüllt mit göttlichem Geist,* – um es auf eine elementare Kurzformel zu bringen.

Natürlich wird es biografisch immer verschiedene Anknüpfungspunkte für den persönlichen Glauben geben, und längst nicht jeder, der sich zur Gemeinde hält, wird das Glaubensbekenntnis wortwörtlich so mitsprechen können. In der Gemeinde Jesu Christi sind nicht *wir* es, die zu entscheiden haben, wer dazu gehört. Aber wir machen es Nicht-Christen auch nicht leichter, wenn wir unser christliches Profil hinter einer zur Schau getragenen Offenheit für fast alles verbergen. Gott ist kein namenloses Schicksal, Jesu Christus ist mein persönliches Gegenüber, und der Heilige Geist hat nichts mit Homöopathie zu tun!

Ich halte es für eine der größten Herausforderungen des Protestantismus im einundzwanzigsten Jahrhundert, religiöse Erfahrungen und christliche Spiritualität theologisch verantwortet so zu vermitteln, dass Suchende und Glaubende der Lust Gottes am Menschen[56] teilhaftig werden. Dabei wird sehr entscheidend sein, welche Möglichkeiten Kirche ihren hauptamtlichen Multiplikatoren wie Religionslehrern, Pfarrerinnen, Gemeindepädagogen, Erzieherinnen und Diakonen zu Ver-

56 Vgl. Ps 18,20: „Er führte mich hinaus ins Weite, er riss mich heraus; denn er hatte Lust zu mir." und AMT FÜR MISSIONARISCHE DIENSTE DER EKvW, Dortmund (Hg.): Gottes Lust am Menschen – Kongress für kontextuelle Evangelisation 20.–23. September 1999. Dokumentation (Reihe „Aus der Praxis für die Praxis" Ausgabe 2000).

fügung stellt, um im Glauben zu wachsen und geistlich aufzutanken. Wer in diesen postmodernen Zeiten andere Menschen für das Evangelium begeistern will, braucht ein gutes biblisches Fundament, elementare theologische Kenntnisse und persönlichen Halt im Glauben.[57]

So sehr wir die Institution Kirche auf allen Ebenen verändern müssen – und in diesem Buch versuche ich ja meinen Teil dazu beizutragen –, wirklich entscheidend wird unser Glaube sein. Und weil heute nichts mehr als selbstverständlich vorausgesetzt werden kann, werden wir uns in der Kirche auf das konzentrieren müssen, was den Glauben ausmacht: Woher wir kommen, wer wir sind und wohin wir gehen. Alles andere daneben ist Makulatur.

Gebet

Das Gebet ist die spirituelle Dimension des Glaubens. Es stiftet in einem hohen Maße Beziehungen, denn es öffnet mich sowohl der liebenden Gegenwart Gottes als auch für meine Mitmenschen, die ich in mein Gebet einschließe. „Ich bete für dich." Dieser unscheinbare Satz kommt nicht *jedem* Christen heutzutage leicht über die Lippen. Es klingt einerseits fast wie ein postmoderner Tabubruch, denn es überschreitet ja die individuellen Grenzen meines Gegenübers. Andererseits kann die gegenseitige Fürbitte geradezu stabilisierend, heilend und sinngebend wirken. Ich bin es wert, dass jemand an mich denkt. In manchen frommen Kreisen gilt daher der Satz „Ich denke an dich." geradezu als Chiffre für „Ich schließe dich in mein Gebet ein."

Schließlich ist Gott mir im Gebet näher als ich es mir selber bin (Paul Tillich). Oder anders ausgedrückt: Im Gebet wird das Ich im Du zum Ich (Martin Buber). Das Gebet stiftet Identität. Verschiedene Formen von Gebeten wie das Herzensgebet oder auch die schweigende Meditation helfen dabei, innerlich frei zu werden für die Begegnung mit Gott.

57 Vgl. Lk 1,1–4: Prolog des Lukasevangeliums.

Die unendliche Sehnsucht der Menschen in der Kirche nach Gott und die tiefe Frustration über die jämmerliche Gestalt seines Leibes in Form der Gemeinde kann durch das Gebet in einen Wachstums- und Heilungsprozess überführt werden.

Und wenn wir nichts tun könnten, um das Wachstum der Kirche zu beschleunigen; wenn wir nichts tun könnten, um ein sinkendes Schiff wieder auf Kurs zu bringen, das Gebet bleibt uns, und es hat die Kraft, Leben zu fördern. Eine Pflanze, die kein Wasser mehr aufnimmt, vertrocknet. Eine Kirche, die nicht betet, gibt ihren Geist auf und geht zugrunde. Ein Christ der nicht betet, verkümmert in seinem Glauben. Ein einziges Gebet kann diesen Schrumpfungsprozess aufhalten. Und jedes weitere Gebet knüpft ein Netz an Beziehungen, so dass Heilungen geschehen, Wachstumsprozesse initiiert werden und Gottes Herrschaft sichtbare Früchte bringt.

Wachsende Gemeinde braucht deshalb das Gebet. Das Gebet öffnet uns für das Wirken des göttlichen Geistes und es kanalisiert die Liebe zu Gott und den Menschen. Das Gebet ist nicht unsere *letzte* Chance, – es ist unsere *einzige* Chance. Nur betende Menschen werden Visionen geschenkt bekommen und Kraft, um den eigenen Glauben zu leben, und Phantasie und Einfühlungsvermögen, ihn mit anderen zu teilen.

Nicht Gemeindeaufbaukonzepte, besonders viele Mitarbeitende oder bestimmte Leitungsmodelle sind der Schlüssel für wachsende Gemeinde, sondern das Gebet. Das Gebet ist aber kein methodischer Schritt, sondern Grundlage auf dem Weg zur mitarbeitenden Gemeinde. Ohne Gebet keine Gemeinde.

Wir müssen das in Deutschland wieder lernen, allein und füreinander und miteinander zu beten. Unsere Gebetspraxis ist im Zuge der Aufklärung und des Kulturprotestantismus, vielleicht aber auch durch Fernsehen und Konsumgesellschaft sehr stark verkümmert. Bitten wir Gott, dass er uns hilft, das Gebet als Basis unseres Glaubens und unserer Kirche wiederzuerlernen.

Das Gebet um Regen[58]

In einem kleinen einsam gelegenen Dorf in Tansania hatte es seit Monaten nicht mehr geregnet. Die Leute waren verzweifelt. Ohne Wasser musste ihr Vieh verdursten, ohne Wasser gab es keine Ernte. Deshalb hatte der Dorfälteste alle Einwohner zu einer Versammlung auf den Dorfplatz zusammengerufen. Sie wollten Gott gemeinsam um Regen bitten. Vielleicht hörte er ja ihre Gebete um Wasser? Gerade wollte er ansetzen zum Gebet als sein Blick auf einen kleinen Jungen fiel. Er stockte. Die Leute drehten sich um. Jetzt sahen alle auf den kleinen Jungen und staunten…

Er war der einzige von ihnen allen, der mit einem Regenschirm gekommen war.

Geist

Der Heilige Geist ist von Anfang an *das* Erkennungszeichen der christlichen Gemeinde. Dies macht Lukas in der Apostelgeschichte deutlich. Da er aber durch Christus an die Apostel und durch diese an die Gemeinde Christi gebunden ist, kann es außerhalb der christlichen Gemeinde nur dann Geisterfahrungen geben, wenn diese zu Christus führen.[59] Wer den Aposteln oder der Gemeinde den göttlichen Geist abspricht, versündigt sich gegen Gott und verzichtet auf sein Heil.[60]

Sowohl bei Jesus selbst als auch in der Apostelgeschichte zeigt sich an wichtigen *Wachstumspunkten* das Wirken des Heiligen Geistes:

58 Leider weiß ich nicht mehr, woher diese kleine eindrückliche Geschichte stammt. Ich habe sie irgendwo gelesen oder gehört und schon vielfach weitergegeben.

59 Geisterfahrungen außerhalb der christlichen Gemeinde weisen entweder als geisterfüllte Prophezeiung auf Christus hin (Lk 1,41f.67ff; 2,25–32; Apg 1,16; 4,25f; 28,25–27), oder führen zur *Taufe auf den Namen des Herrn* und damit zur Aufnahme in seine Gemeinde (Apg 10,44–48). Vgl. dazu Böhlemann: Jesus, bes. Kapitel 2: „pneumatologische Motive“, 67–95.

60 Vgl. Apg 5,9 und Lk 12,10 und dazu BÖHLEMANN: Jesus, Kapitel 2.4 „Sünde wider den heiligen Geist“, 92f.

- Maria, Elisabeth, Zacharias und Simeon erkennen geisterfüllt den Heiland in dem Kind Jesus (Lk 1,35.41.67; 2,26f).
- Jesus selbst wird bei seiner Taufe vom Heiligen Geist erfüllt (Lk 3,22), dann in die Wüste und nach Galiläa geführt (4,1.14.18)
- Nach der Rückkehr der von Jesus ausgesandten Zweiundsiebzig heißt es bei Lukas, dass Jesus sich „im Heiligen Geist freut" (Lk 10,21).
- Jesus selbst nennt die Bitte um den Heiligen Geist als *das* Gebetsanliegen der Jünger (Lk 11,13) und verheißt seinen Nachfolgern den Heiligen Geist als Beistand und Unterstützung (Lk 12,11f; vgl. Joh 14,26).
- In der Apostelgeschichte verheißt Jesus seinen Jüngern die Kraft des Geistes, um Zeugen in Jerusalem, Judäa, Samarien und der ganzen Welt zu sein (Apg 1,8).
- Dann bewirkt Gottes Geist das Pfingstgeschehen (Apg 2) und erfüllt die erste Gemeinde in Jerusalem (2,28). Er dient als Auswahlkriterium bei der Wahl der sieben Diakone (6,3), lässt die erste nicht-jüdische Gemeinde in Samarien entstehen (8,14–17). Der Heilige Geist begründet die Heidenmission in Cäsarea (10,44–48) und weist Paulus den Weg nach Europa (16,6–10).

In England begegnete mir die etwas humorige Unterscheidung der verschiedenen charismatischen Gemeinden nach einem „charismatic lower and higher level". Bei aller kritischen Distanz dazu wurde uns dennoch glaubhaft versichert, dass es keine „non-charismatic and traditional congregations" gäbe, in denen erkennbares Wachstum zu verzeichnen sei.

Ich meine, wir sollten uns das Vertrauen in die Kraft des Heiligen Geistes nicht von den charismatischen Gemeinden nehmen lassen. Sein Wirken ist nämlich von Anfang an nicht an einer Häufung enthusiastischer Phänomene zu erkennen, sondern am Wachstum der Gemeinde. Durch den Heiligen Geist ist der auferstandene Christus bei seiner Gemeinde und richtet sie auf und stärkt sie.[61]

61 Vgl. etwa Lk 24,49; Apg 1,8; 2,4; 4,31; 9,31.

…auf den Punkt gebracht:

Als christliche Gemeinde brauchen wir die Wirkkraft des Heiligen Geistes. Er ist der Nährstoff für gesundes Gemeindewachstum. Im Gebet öffnen wir uns seinem Wirken.

Wir können Kirche nicht *machen,* aber wir können sehr viel verhindern, denn Gottes Geist zwingt sich nicht auf. Deshalb sollten wir uns gegenseitig Raum geben und Zeit lassen, um Glaubenserfahrungen zu ermöglichen. Diese sollten den ganzen Menschen betreffen und theologisch verantwortet sein. Je mehr wir dabei vertrauen, dass Gott in Christus durch seinen Geist wirklich handelt, umso sichtbarer wird werden, wie die Kirche wachsen kann.

Heilung und Segnung

Jesu Auftrag an seine Jüngerinnen (vgl. Lk 8,1–3) und Jünger ist eindeutig und umfasst drei Aspekte: Besuchen, Verkündigen und *Heilen.*[62]

Für mich persönlich ist dies die fremdeste Dimension von wachsenden Gemeinden, aber zugleich auch eine der biblisch gesehen am besten begründeten. Heilung ist heute in Deutschland weder ein Thema der Praktischen Theologie noch der Ekklesiologie, wohl aber der Missionswissenschaft. Außerdem haben sich die großen kirchlichen Weltbünde (ÖRK, LWB, RWB) auf ihren letzten Weltversammlungen mit diesem Thema beschäftigt.

Deshalb wäre es erheblich zu einfach, den Widerspruch zwischen dem in urchristlichen Zeiten selbstverständliche Vorhandensein dieses Phänomens und seinem Nichtvorhandensein in unseren Kirchen nur auf den Unterschied des antiken zu unserem aufgeklärten Weltbild zu reduzieren. Die Erkenntnisse aus Naturwissenschaft und moderner Medizin lassen uns bewusst oder unbewusst Heil und Heilung voneinander trennen. Heilungen, auch Spontan-Heilungen sind für uns ein medizinisches Phänomen und in der Regel kein Ereignis des Glaubens. In charismatischen Gemeinden kann es gelegentlich ebenso zu einer verengten Sicht von Heilung kommen, dann nämlich wenn diese auf so genannte Wunderheilungen und damit auf die medizinische Dimension reduziert wird.

Als aufgeklärte Zeitgenossen sollten wir dennoch nicht einfach die Augen davor verschließen, dass Menschen um Heilung bitten und dabei mehr Gebetserhörung erfahren als wir erwarten würden oder erklären könnten. Tatsächlich kann uns der Besuch von seriös und verantwortlich durchgeführten Heilungsgottesdiensten in charismatischen Gemeinden von allzu naiver Wissenschaftsgläubigkeit heilen. Ich vermute allerdings,

62 Vgl. Lk 9,1–6 u. 10,1–12: Aussendung der Zwölf und der 72 Jüngerinnen und Jünger.

es gibt mehr studierte Theologinnen und Theologen, die auf alternative Heilmethoden setzen, deren Wirksamkeit nicht nachgewiesen ist, als welche, die sich nur auf das Gebet von anderen um ihre Heilung verlassen würden.

Wenn Gemeinden geistlich wachsen wollen, müssen sie aber nicht zu mittelalterlichen Vorstellungen zurück und mit naturwissenschaftlichen Regeln brechen. Es gilt vielmehr neu, mit der *therapeutischen Kraft der Gottesdienste* zu rechnen, mit heilender Gemeinschaft und wirksamen Gebeten um die erneuernde Kraft des göttlichen Geistes.

Die zum Gottesdienst oder Gebet versammelte Gemeinde bezieht ihre Kraft und Verheißung eben nicht nur aus der Stärke der Beziehungen zueinander, sondern in ihr ist Gott wirksam. Gerade in den protestantischen Volkskirchen müssen wir diese therapeutische Kraft der Gottesdienste neu entdecken. Dann kann die Heilung beginnen.

Heil für uns kommt nicht aus noch mehr Aktivismus. Wir tun schon viel zu viel. Das Heil kommt von Gott, wird lebendig in Christus und begegnet uns durch seinen Geist – wird körperlich erfahrbar etwa im Segen. Fast alle Krankenheilungen, die in der Bibel beschrieben werden, sind begleitet vom Auflegen der Hände. Beim liturgischen Segen im Gottesdienst symbolisieren die erhobenen Hände nichts anderes als eine kollektive Handauflegung. Es ist der Geist Gottes, der symbolisch gesprochen wie eine Taube auf die Gesegneten herabschwebt oder wie lebendiges Wasser auf sie überströmt und sie erfüllt. Zwei Bilder, die keineswegs zufällig, auch bei der Taufe gebraucht werden.

Heilung und Segen sind zwei eng zusammenhängende religiöse Vollzüge, die wir in der Kirche relativ stark anonymisiert haben. Fast nur noch bei Taufe und Trauung nennen wir auch die Namen der Gesegneten. Wenn wir als Gemeinden in diesem zentralen Bereich der Glaubenspraxis wachsen wollen, müssen wir lernen, Menschen mit Namen zu nennen, für die wir beten, und Menschen zu berühren, die wir segnen. Es erfordert eine gewisse Überwindung von Hemmschwellen, wenn wir das persönliche Gebet und den persönlichen Segen mit Handauflegung nicht gewöhnt sind, aber beides eröffnet uns Horizonte des Glaubens.

Wir haben beim Spirituellen Gemeindemanagement[63], einer qualifizierenden Langzeitfortbildung für Pfarrerinnen und Pfarrer, sehr gute Erfahrungen mit Gottesdiensten gemacht, bei denen wir eine persönliche Segnung angeboten haben. Während Musik im Hintergrund läuft, kann jeder einzeln ein Gebetsanliegen nennen und um den Segen mit Handauflegung bitten. Der Segen wird im Gottesdienstraum vorne oder an der Seite so zugesprochen, dass nur die beiden Beteiligten die persönlichen Worte hören können. Viele Pfarrerinnen und Pfarrer haben dabei bewegende und stärkende Erfahrungen von Gottes heilsamem Wirken gemacht.

...auf den Punkt gebracht:

Es reicht nicht, Gott zu bitten, das zu segnen, was wir tun. Wir sollten ihn vielmehr darum bitten, dass wir tun, was er *segnet.*[64] Dabei können persönliche Segenshandlungen, Salbungen, das Auflegen der Hände und Gebete füreinander wichtige und ja durchaus erprobte Schritte für das geistliche Wachstum einer Gemeinde sein. Und es hat nichts mit Aberglauben zu tun, wenn wir nach heilsamen Gottesdiensten fragen und biblisch angemessene Formen dafür suchen, es ist vielmehr die Wiederentdeckung einer Tiefendimension unseres Glaubens.

63 Vgl. Abromeit/Böhlemann/Herbst/Strunk: Spirituelles Gemeindemanagement.

64 Vgl. Warren: Kirche mit Vision, 17.

Von der Volkskirche zur Profilkirche – Klasse statt Masse

In einer sich immer mehr aus differenzierenden Gesellschaft wird sich auf Dauer auch kirchlicherseits keine Monokultur halten.

Eine Kirche mit Zukunft wird Profil zeigen müssen. Die klassische Definition von Volkskirche, nämlich mehrheitliche Säuglingstaufe, staatlich geregelte Kirchensteuer und Religionsunterricht, plus flächendeckende Versorgung der Mehrheit der Bevölkerung mit allen Amtshandlungen, zeigt wie sehr dieses Paradigma aus einer anderen Zeit stammt.

Allgemeine Säuglingstaufe und Amtshandlungen als Zentrum

+ flächendeckende (parochiale) Versorgung
+ Körperschaft öffentlichen Rechts
+ Religionsunterricht an staatlichen Schulen
+ Kirchensteuer

= **Volkskirche**

Ein wacher Blick in unsere Großstädte oder in den Osten der Republik lehrt uns, dass es eine so verstandene Volkskirche nur noch partiell gibt, und dass sie im Schwinden ist. Das ist kein Grund zur Resignation, zeigt sich doch nur, dass die Strukturen einer Institution vergänglich sind, es sagt aber nichts über die *Essenz,* den Sinn und Auftrag, dieser Institution.

Es gibt auch keinen Grund für die großen Kirchen, das Parochialsystem aufzugeben, wenn es finanziell und personell noch aufrecht zu erhalten ist. Jeder Mensch in Deutschland, der eine Begegnung mit Christen sucht oder kirchlichen Beistand braucht, sollte wissen, an wen er sich wenden kann und wer ihm hilft. Aber es wird in Zukunft nicht mehr möglich sein, alles überall und auch noch flächendeckend anzubieten. Das ist aber auch nicht nötig, weil die kirchliche *Versorgung* gar nicht mehr überall gefragt sein wird.

Zudem reicht unser bisheriges Parochialsystem nicht mehr aus, den missionarischen Herausforderungen gerecht zu werden. Aufgrund der zurückgehenden Finanzen werden die Gemeinden immer größer (allerdings durch Zusammenlegungen und nicht durch Wachstum) und gleichzeitig Stellen gekürzt, so dass die persönliche Belastung vor Ort steigt und immer weniger Spielraum für innovative Projekte bleibt.

Wir brauchen kirchlich gesehen eine *mixed economy* (Bob Hopkins), das heißt ein differenziertes Angebot. Es muss neben der klassischen Parochialgemeinde, der Ortsgemeinde mit definierten Grenzen und Zuständigkeiten, auch Profilgemeinden geben, die nicht ausschließlich regional definiert und finanziert werden. Bisher werden in den großen Kirchen mit kleinen Variationen die Gelder fast ausschließlich nach dem Gemeindegliederzahlen verteilt (das so genannte Gießkannenprinzip). Um aber etwa Thomasmessen, City-Kirchen-Arbeit, Pendler-Projekte, Angebote für Fernstehende, Gospelevents, Jugendkirchen wie das Weigelhaus in Essen, geistliche oder auch kirchenmusikalische Zentren für Regionen und andere kirchliche Neupflanzungen finanziell zu unterstützen und institutionell abzusichern, bedarf es neuer rechtlicher Formen. Das Modell *Profilkirche* erscheint mir in diesem Zusammenhang geeigneter als die meines Erachtens missverständliche Rede von Personalgemeinden.[65]

Die herkömmliche Unterscheidung von *Ortsgemeinden* und *funktionalen Diensten* könnte ein rechtlicher Ansatzpunkt sein, um solche neuen Erscheinungsformen von Kirche zu entwickeln.

Profilkirchenarbeit heißt, nicht mehr zu versuchen, flächendeckend das gesamte kirchliche Angebot aufrechtzuerhalten, sondern lediglich eine volkskirchliche „Grundversorgung" zu garantieren, so dass jeder, der will, in einer zumutbaren Entfernung regelmäßig in den Gottesdienst gehen kann und weiß, an wen er sich wenden kann, wenn Kasualien, seelsorgliche oder

65 Den hilfreichen Begriff „Profilkirche" habe ich von meinem Freund, dem Bischof Dr. Hans-Jürgen Abromeit, im Zusammenhang eines gemeinsam durchgeführten Pastoralkollegs zum Spirituellen Gemeindemanagement gelernt.

sonstige Begleitung gewünscht werden. Zusätzlich gibt es aber einige qualitativ hochwertige besondere kirchliche Angebote mit einem auf die Adressaten und deren Situation maßgeschneiderten Profil.

…auf den Punkt gebracht:

Es gäbe mit Sicherheit einen hoch interessanten Wachstumsschub, wenn alle Kirchenkreise achtzig Prozent der bisherigen finanziellen Mittel in die normale Gemeindearbeit und zwanzig Prozent in die Profilkirchenarbeit stecken würden. Diese Aufteilung würde der Beobachtung Rechnung tragen, dass ohnehin die traditionelle kirchliche Arbeit nicht mehr in der Lage ist, mit ihrem Angebot alle zu erreichen, die ein Interesse an Glauben und Kirche haben. Wenn zwanzig Prozent der Finanzen für profilierte kirchliche Angebote verwendet würden, die besonders effektiv neue Zielgruppen erreichen, könnte dies echte Veränderungen zum Besseren auch für den traditionellen Bereich bewirken! Und wenn es nur fünf Prozent sein sollten, es wäre jedenfalls ein erster Schritt.

II. *Was das Wachstum hindert …*

Leben bedeutet Wachstum. Es gibt verschiedene Arten von Wachstum – in der Natur ebenso wie in der Kirche. Wachstum kann sich auf die Größe und Menge beziehen, aber auch auf die Reife und Qualität. Jeder Mensch wächst bis zu einer gewissen Körpergröße, danach dient das Zellwachstum nur noch dem Zellenerhalt, dem Aufbau und der Bewahrung des Vorhandenen. Wenn die Zellen aufhören, sich zu teilen und zu vermehren, tritt unweigerlich der Tod ein. Eine Kirche, die nicht wachsen will, will nicht mehr leben, sie ist tot. Eine Kirche, die Leib ist, Gemeinschaft der Glieder, Leib Christi, wächst und ist nicht tot. Gott hat das Leben für sie gewählt. Sie kann lediglich dem Leben und dem Wachstum, ihrem Auftrag wehren, sie kann ihn hemmen, letztlich aber nicht verhindern.

Wie bereits mehrfach erwähnt, können wir das Wachstum der Gemeinde nicht machen, aber wir können wachstumshemmende Faktoren weitgehend minimieren. Im Folgenden werde ich einige der Hauptfaktoren nennen, die nach meiner Beobachtung zurzeit Wachstum verhindern.[1]

1. Diskussion statt Mission
2. Gemeindeaufbau statt Gemeindewachstum
3. Mitarbeitergewinnung statt Arbeit in Teams
4. Kirche als Behörde
5. Streit ums Geld statt Prioritätensetzung
6. Konkurrenz statt Kollegialität
7. Falsche Sicherheiten und einseitige Schuldzuweisungen.

1 Vgl. auch das Kapitel „Was Veränderungsprozesse in der Gemeinde verhindert“, in: Noss: Aufbrechen, verändern, gestalten, 30–43.

Diskussion statt Mission

Wir können uns den Luxus nicht mehr erlauben, darüber zu debattieren, ob Mission in der Kirche heutzutage nötig sei. Wir müssen vielmehr unsere ganze Energie darein stecken zu erkennen, *was* unsere Mission heute ist.

Es gab Zeiten, da ließen sich theologische Lager in der Kirche danach in Schubladen einordnen, ob sie eher missionarisch-evangelikal oder politisch-liberal orientiert waren. Vermutlich hing diese Zuordnung mit profilierten Positionen zusammen, die innerhalb dieser Richtungen vertreten wurden und die es leicht machten, sie vereinfachend zu etikettieren. Aber diese Zeiten sind vorbei. Theologinnen und Theologen möchten sich nicht als ungläubig, nicht missionarisch, zu fromm, unpolitisch oder weltfremd diffamieren lassen. Die alten Schubladen funktionieren nicht – heute noch weniger als damals. Persönliche Frömmigkeit und politisches Engagement, Mission und Diakonie werden mittlerweile nicht mehr als Gegensätze, sondern als notwendige Ergänzungen angesehen. Auch wenn gelegentlich noch einmal heiß diskutiert wird, ob und in wiefern man heute überhaupt noch von Mission sprechen könne,[2] sind das nichts anderes als Spiegelfechtereien, die von der eigentlichen Frage ablenken, nämlich *wie* heute Mission geschehen kann. Ich werde mich nicht daran beteiligen, zum tausend-und-ersten Male zu erklären, dass Mission heutzutage selbstverständlich keine gewaltsame Bedrängung der Gesprächspartner mehr sei, sondern eine faire Kommunikation, bei der die Beteiligten ihre Positionen einladend und profiliert vorstellen, aber eben nicht aufdrängen.

Stattdessen muss Kirche – wie bereits ausgeführt – ihre Mission erkennen, nicht um zu wachsen, sondern um ihrem Auftrag und ihrem Wesen zu entsprechen, das prinzipiell auf Universalität angelegt ist und von der Kommunikation des

2 Vgl. dazu die Diskussion in der PASTORALTHEOLOGIE Jg. 91, 2002, Nr. 4: Mission?! – ein Reizwort in der praktisch-theologischen Diskussion und KNIELING: Wahrnehmung und HAUSCHILDT: Mission.

Evangeliums – also mit anderen Worten von der *Evangelisierung* lebt. Denn Gott will, „dass allen Menschen geholfen wird und sie zur Erkenntnis der Wahrheit kommen.“ (1. Tim 1,4)

… auf den Punkt gebracht:

Für das Wachstum von Gemeinden wird entscheidend sein, ob sie ihre Mission erkennen. Einladen an den Tisch des Herrn und Werbung für das befreiende Handeln Gottes sind keine christliche Bringschuld aufgrund des *Missionsbefehls,* sondern gehören zum Wesen seiner Gemeinde und stehen deshalb nicht zur Diskussion.

Gemeindeaufbau statt Wachstum

Mit Fritz Schwarz bekam Ende der 70'er Jahre das Thema Gemeindeaufbau neuen Schwung in der Kirche. Trotz anfänglicher Widerstände vor allem Seitens der wissenschaftlichen Theologie sind mittlerweile viele praktische Konzepte entwickelt worden, an deren Umsetzung sich heute noch manche Gemeinden die Zähne ausbeißen.[3] So richtig und wichtig Gemeindeaufbau ist – immerhin ist er ja das Kriterium, nach dem für Paulus alle Dienste in der Gemeinde zu messen sind (vgl. 1 Kor 14,26), – so birgt er doch auch Gefahren in sich. Zunächst wurde der Begriff vor allem in der Kombination als *missionarischer Gemeindeaufbau* von denen kritisiert, die ohnedies der Meinung waren, die christliche Mission habe in der Geschichte soviel Unheil angerichtet, dass man als Christ davon eher Abstand nehmen müsse.

Ließen sich diese Einwände noch entkräften, so lag eine andere viel folgenschwerere Gefahr im Verborgenen. Das Bild vom *Gemeindeaufbau* greift zwar ein biblisches Modell auf, hat aber in der praktischen Umsetzung vielfach dazu geführt, dass Pfarrerinnen und Pfarrer eben meinten, mit dem richtigen Gemeindeaufbaukonzept ihre Gemeinde bauen zu sollen und zu können. Abgesehen davon, dass dieser Irrglaube häufig gerade nicht zur perfekten Gemeinde, sondern zum perfekten

3 Einen ersten Überblick über die Entwicklung bietet Michael Herbst in seiner mehrfach aufgelegten Dissertation: Missionarischer Gemeindeaufbau in der Volkskirche. Ein neues und sehr einflussreiches „Gemeindeaufbau-Programm" entwickelte dann CHRISTIAN A. SCHWARZ, der Sohn des Herner Superintendenten Fritz Schwarz und Leiter des „Instituts für natürliche Gemeindeentwicklung" im nordfriesischen Emmelsbüll. Er schrieb den international vor allem in evangelikalen Kreisen verbreiteten Bestseller: Die natürliche Gemeindeentwicklung. Hinzu kamen dann die zahlreichen Impulse aus Willow-Creek für den Gemeindeaufbau, die in Deutschland unter anderem ihren Nachhall in der Andreasgemeinde in Niederhöchstadt („Go-special-Gottesdienste") und den Veröffentlichungen von KLAUS DOUGLASS gefunden haben.

persönlichen Burnout führte, betont auch das biblische Modell von *Gemeindeaufbau* fast ausschließlich das Handeln Gottes an seinen Menschen und eben nicht die Aktivitäten der Gemeinde.

Gemeinde als Bau:

Mt 16,18 Petrus, der Fels, auf dem Christus seine Gemeinde baut.	Und ich sage dir auch: Du bist Petrus, und auf diesen Felsen will ich meine Gemeinde bauen, und die Pforten der Hölle sollen sie nicht überwältigen.
Eph 2,19–20 Ihr seid auf die Apostel und Christus gegründet, damit der Bau wächst und wir erbaut werden zur Wohnung Gottes.	So seid ihr nun nicht mehr Gäste und Fremdlinge, sondern Mitbürger der Heiligen und Gottes Hausgenossen, erbaut auf den Grund der Apostel und Propheten, da Jesus Christus der Eckstein ist, auf welchem der ganze Bau ineinander gefügt wächst zu einem heiligen Tempel in dem Herrn. Durch ihn werdet auch ihr mit erbaut zu einer Wohnung Gottes im Geist.
1 Kor 3,16 + 2 Kor 6,16 Wir sind Gottes Tempel, in dem sein Geist wohnt.	Wisst ihr nicht, dass ihr Gottes Tempel seid und der Geist Gottes in euch wohnt? Wir aber sind der Tempel des lebendigen Gottes; wie denn Gott spricht (3 Lev 26,11–12; Hes 37,27): „Ich will unter ihnen wohnen und wandeln und will ihr Gott sein und sie sollen mein Volk sein."
1 Petr 2, 5 Ihr seid als lebendige Steine erbaut zum geistlichen Haus.	Und auch ihr als lebendige Steine erbaut euch zum geistlichen Hause und zur heiligen Priesterschaft, zu opfern geistliche Opfer, die Gott wohlgefällig sind durch Jesus Christus.
Hebr 3,6 Wir sind das Haus Gottes.	Christus aber war treu als Sohn über Gottes Haus. Sein Haus sind wir, wenn wir das Vertrauen und den Ruhm der Hoffnung festhalten.

Das ebenso biblische Bild vom *Gemeindewachstum*[4] betont das Handeln Gottes noch stärker. Gott will, dass seine Gemeinde wächst, und er sorgt auch dafür, dass sie es tut. Unsere Aufgabe ist es lediglich, uns zu bemühen, dem nicht im Wege zu stehen.

Vielleicht war es ein Fehler, so lange an dem Begriff *Missionarischer Gemeindeaufbau* festzuhalten. Er hat in der Tat dazu geführt, dass mehr Energie in *Bauanleitungen* gesteckt worden ist, als in die Erforschung der Wachstumsprinzipien der Ge-

4 Siehe oben S.9–11.

meinde Christi. Wenn wir in den nächsten Jahren die Prinzipien des *Gemeindewachstums* neu entdecken, werden wir viel Kraft darauf verwenden müssen, den inneren Fluss der Nährstoffe und des Wassers zur Versorgung der Pflanze wieder frei zu legen.

Gemeindeaufbau und dann noch *missionarisch,* das wirkt sehr auffordernd und appelliert an unser schlechtes Gewissen. Da ist etwas, das muss noch aufgebaut werden. *Du* musst es aufbauen! Werde aktiv! Mit dieser Grundstimmung ist für Pfarrerinnen und Pfarrer die Überbelastung fast schon vorprogrammiert. Denn Gemeinde Jesu Christi ist keine Playmobil-Ritterburg, die ich mit der richtigen Anleitung in absehbarer Zeit aufbauen könnte. Gemeinde Jesu Christi ist vielmehr eine Ausdrucksform der Herrschaft Gottes.

In *Gemeindewachstum* schwingt dagegen bereits die Verheißung Christi mit, dass er durch seinen Geist in uns Frucht bringen will (Joh 15,1–5). Die einzige Aufforderung, die wir heraushören können, ist eher passiv: Entdecke deine Verbindung, deinen *Kanal* zu Christus, damit dich sein Geist durchströme und Frucht bringt! Dieses Fruchtbringen mag dann in den Dimensionen geschehen, die ich auf den bisherigen Seiten dieses Buches versucht habe zu beschreiben.

… auf den Punkt gebracht:

Es war ein Fehler, durch die starke Betonung der Notwendigkeit eines flächendeckenden Gemeindeaufbaus den Akzent einseitig auf die aktive Seite der Beteiligten zu setzten. Aktionsprogramme wurden so leicht an die Stelle eines notwendigen Wandels im Gemeindeverständnis und der eigenen Haltung gesetzt. Der Begriff Gemeindewachstum lenkt dagegen von eigenem Aktionismus weg hin zum verheißungsvollen Handeln Gottes an und mit seiner Gemeinde.

Damit die Gemeinde Jesu Christi auch unter erschwerten Bedingungen wachsen kann, brauchen wir keine starken Männer und Programme; wir benötigen vielmehr Vertrauen in die Kraft Gottes, Glauben an seine Verheißungen und die Wiedergewinnung einiger einfacher Wachstumsregeln.

Gewinnung von *Mitarbeitern* statt Arbeit in Teams

Es gibt heute fast keine Äußerung schriftlicher oder mündlicher Art zur Zukunft der Kirche, die nicht die Bedeutung der kirchlichen Mitarbeiterinnen und Mitarbeiter hervorhebt – natürlich besonders die der ehrenamtlichen. Die Gewinnung und Begleitung von Mitarbeiterinnen und Mitarbeitern wird fast einmütig als eine der wichtigsten Aufgaben der Kirche gesehen. Ob aus konservativen oder aus progressiven Kreisen, einhellig klingt der Ruf nach mehr Mitarbeitenden.

Ich habe daher lange überlegt, ob nicht die Förderung von Mitarbeitenden auch zu den wesentlichen Prinzipien gehört, die dem Wachstum der Gemeinde dienen. Und in mehreren Kapiteln gehe ich ja ausführlich auf die grundsätzliche Wichtigkeit dieses Themenfeldes ein – etwa im Zusammenhang mit der Kultur der Evangeliums, der Schulung und Ermächtigung von Funktionsträgern oder der Leitung in Teams. Aber nach vielen Gesprächen und langem Durchdenken bin ich mir mittlerweile sicher: Das in den Kirchen Deutschlands so beliebte Reden von den *Mitarbeitern*[5] setzt ähnlich wie die Rede vom *Gemeindeaufbau* ein falsches oder zumindest sehr zweischneidiges Bild voraus. *Mitarbeiter* sind ja in der deutschen Sprache eigentlich immer die Arbeiter von jemandem. Dieser *Jemand* steht aber betrieblich gesehen in der Hierarchie eine Stufe höher. „Meine Mitarbeiter", das sagt ein Chef von seinen Angestellten. „Mein Kollege", das sagt ein Angestellter zu einem Angestellten.

Ich habe den begründeten Verdacht, dass wir in der Kirche mit der Rede von Mitarbeitern immer noch das veraltete Pfarrbild transportieren: „Der Pfarrer ist der Chef; und der braucht möglichst viele Mitarbeiter, um ihn zu entlasten und unterstützen." Das Bild der *Mitarbeit* passt auch gut zu dem Bild vom *Gemeindeaufbau.* Da ist noch viel zu tun! Pack an!

5 Ich bleibe hier bei der männlichen Form, da es mir an dieser Stelle nur um das sprachliche Klischee *Mitarbeiter* und nicht um einzelne Personen *(die Mitarbeiterin, der Mitarbeiter)* geht.

Das Bild vom Gemeindewachstum impliziert für die *Mitarbeitenden* dagegen eher die Frage: Wo ist mein Ort in dieser Gemeinde? An welcher Stelle kann ich wachsen und zum Wachstum der anderen beitragen?

Natürlich, das Bild vom *Mitarbeiter* ist wie gesagt zweischneidig, denn es ist ja durchaus angemessen, ähnlich wie Paulus in 1 Kor 3,9 davon zu sprechen, dass wir bei der Arbeit in Gottes Bau und Ackerfeld auch seine „Mitarbeiterinnen und Mitarbeiter" sind. Doch können uns diese sprachlichen Akzente durchaus neue Impulse geben und uns sensibel machen für die innere Haltung, aus der heraus wir von „Mitarbeitern" sprechen.

Zukünftig sollten wir statt *Mitarbeiter* zu suchen, Verantwortung teilen, Teams bilden und Berufungen zu bestimmten Diensten und Funktionen aussprechen. *Mitarbeitende* heute wollen nicht mehr Gehilfen der Pfarrerinnen und Pfarrer sein, sondern mit Entscheidungskompetenz und Verantwortung ausgestattete Funktionsträger. Gemeinden müssen ihre Dienste und Aufgaben verantwortlich auf Gemeindeglieder verteilen, die diese bezahlt oder unbezahlt übernehmen.

Eine Vision in diesem Zusammenhang könnte doch sein, dass jedes Gemeindeglied weiß, was seine Aufgabe und Funktion in dieser Gemeinde ist, und dass dies auch die anderen wissen. „Frau Müller gehört zum Team der Beterinnen, die regelmäßig für die Arbeit des Krankenbesuchsteams beten."

... auf den Punkt gebracht:

Wer *Mitarbeitende* für die Gemeinde sucht, sollte sich kritisch hinterfragen lassen, für wen und wofür er sie sucht und welches Gemeindebild er damit transportiert. Brauche ich als *Gemeindeunternehmer* unbezahlte Arbeitskräfte, die mir Arbeit abnehmen, oder verteilen wir als Gemeinde die Dienste, Aufgaben und Verantwortung unter uns? Vielleicht entstehen dann durch einen sensibleren Umgang mit den Menschen, die die Gemeinde bilden, Wachstumsprozesse, die die Suche nach Mitarbeitenden irgendwann überflüssig machen.

Kirche als Behörde

Nach dem Ende des landesherrlichen Kirchenregimentes wurden in den Landeskirchen *kleinstaatliche* landeskirchliche Behörden aufgebaut. Die ungewöhnliche hohe Zahl der Juristen in den Landeskirchenämtern erklärt sich übrigens genau aus dieser Parallelität. Sie dienten der Entwicklung einer eigenen legislativen, gesetzgebenden Gewalt. Auch das Vorhandensein von Kirchenbeamten und *verbeamteten* Pfarrerinnen und Pfarrern lässt sich auf die Parallelität zum Staat zurückführen.

Möglicherweise war es jedoch ein Irrtum des vergangenen Jahrhunderts anzunehmen, es reiche, wenn die großen Landeskirchen einfach den Staat im Kleinen abbilden. Zwar benötigen die Kirchen nach wie vor von Staat unabhängige Verwaltungen, eigene Einnahmensysteme und eine selbständige Personalentwicklung. Aber sie bräuchten heute eben auch leistungsfähige, schlanke Verwaltungszentren, die durch den Einsatz modernster Techniken und geschulten Fach-Personals so wenig Bürokratie wie möglich und so viel wie nötig gewährleisten. Als kirchliche Fachkräfte benötigen wir EDV-Expertinnen wie Marketing-Berater, Personaltrainerinnen wie Organisationsentwickler und Verwaltungsfachangestellte, aber eben nicht nur lauter Juristinnen und Theologen, die sich in fachfremde Gebiete einarbeiten müssen.

Dienstfahrtenregelung:

Ein Beispiel mag die Dienstfahrtenregelung vieler Landeskirchen sein. Dienstfahrten, die von Mitgliedern der Behörde durchgeführt werden, müssen vorher beantragt werden. Sie werden überprüft und genehmigt. Dabei spielt es in der Regel keine Rolle, ob die Dienstfahrt zum unmittelbaren Dienst des Antragstellenden gehört und ob sie überhaupt ablehnbar wäre. Nach der durchgeführten Dienstfahrt muss dann erneut ein Antrag gestellt werden, diesmal um Erstattung der entstandenen Fahrtkosten. Auch dieser Antrag wird überprüft und vom Vorgesetzten unterschrieben. Danach wird er noch einmal in der Verwaltung überprüft, und die Zahlung wird veranlasst oder abgelehnt – etwa wenn der Antrag mehr als 6 Monate später eingereicht wurde. Nach Abschluss des

Haushaltsjahres überprüft dann die Rechnungsprüfung noch einmal die Richtigkeit der vorliegenden Abrechnungen. Insgesamt sind mit Dienstfahrten, die unmittelbar zum Dienst kirchlicher Mitarbeitender gehören, so viele Verwaltungsvorgänge verbunden, dass die Zeit für die Antragstellung und –überprüfung viel mehr Zeit und Personalkosten in Anspruch nehmen, als es eine unbürokratische Erstattung würde. Ganz zu schweigen von dem atmosphärischen Schaden, den ein solches *in Strukturen gegossenes Misstrauen* bei den Mitarbeitenden anrichtet.

Dies mag aber nur *ein* – vielleicht unpassendes – Beispiel für die behördlichen Strukturen sein. *Das Problem von Behörden ist die latente Unfähigkeit, sich selbst zu reformieren.* Eine Beamtin oder ein Angestellter werden ja nicht dafür bezahlt, dass sie den Sinn der von ihnen durchgeführten Regelungen in Frage stellen, im Gegenteil, sie sollen sie überwachen und anwenden. So besteht die Gefahr, dass Menschen oder Gemeinden, denen die Verwaltung dienen soll, selbst nur noch als Verwaltungsvorgänge betrachtet werden. Allerdings gibt es in Behörden in der Regel auch wenig Anerkennung für Mitarbeitende, die das System in Frage stellen oder die Koordinierung verschiedener Ämter fördern.

Natürlich kann man hoffen, dass kirchliche Behörden in den meisten Fällen schnell und schlank, effizient und unbürokratisch, motiviert und sich als Dienstleistungsunternehmen verstehend arbeiten. Und sicher werden das auch viele tun und keineswegs die Kirchengemeinden nur als verlängerte Verwaltungseinheiten sehen, sondern sich selbst als deren Unterstützung.

Nur, wie ist zu verhindern oder gegenzusteuern, wenn das nicht der Fall ist? Auch hier wird nur eine Änderung möglich sein, wenn die Behörden von Menschen mit Visionen geleitet werden und nicht von desillusionierten Technokraten. Anders als in einer Behörde alten staatlichen Stils mit ihren Fach-Dezernaten brauchen wir in der kirchlichen Verwaltung auch übergreifende Projektgruppen, *Think-Tanks* und *Dream-Teams,* also kreative heterogen zusammengesetzte Gruppen, die auch einmal *spinnen* oder quer denken dürfen, um neue Ideen zu entwickeln oder alte in Frage zu stellen, ohne sofort durch die Frage der Machbarkeit und Finanzierbarkeit ausgebremst zu werden.

Ausschüsse dürften nur eingesetzt werden, wenn sie auch eine echte Beratungs-, Handlungs- oder Entscheidungs-Kompetenz haben und diese klar benannt worden ist.

... auf den Punkt gebracht:

Auch kirchliche Behörden brauchen gemeinsam erarbeitete Leitbilder, klare Vorgaben und Ziele, kleine Dienstgruppen statt Riesendezernate und vor allem Motivation durch Rückmeldung. Die Möglichkeit zur Aneignung des dafür notwendigen Wissens in Personalentwicklung und Organisationsmanagement muss von den Kirchenleitungen zu Verfügung gestellt werden. Schließlich benötigt die Kirche als Institution eine eigene Abteilung, die sich auch mit Hilfe externer Beratung mit der Verbesserung und Überwindung des vorhandenen behördlichen Systems beschäftigt.

Streit ums Geld statt Prioritätensetzung

Die Bevölkerungsentwicklung, der Rückgang der Kirchensteuereinnahmen und die steigenden Lohnkosten haben in den letzten Jahren alle großen Kirchen in Deutschland in erhebliche finanzielle Schwierigkeiten gebracht. Massive Einschnitte sind bereits erfolgt, noch massivere Sparmaßnahmen müssen noch erfolgen, wenn das System nicht zusammenbrechen soll. Die Diskussion über die notwendigen Einschnitte ist zurzeit in kirchlichen Kreisen allgegenwärtig – jedenfalls – so scheint mir – allgegenwärtiger als die Frage nach dem Geist Gottes, oder wie seine Gemeinde wachsen könne. Und wenn jemand stockt und nach dem Wort sucht, was dieser Sparzwang mit der Kirche macht, habe ich es mir zum Sport gemacht, das Wort „es paralysiert, es lähmt" einzuwerfen. Meistens ist es genau das, was mein Gesprächspartner gesucht hat und die gegenwärtige Situation zutreffend beschreibt.

Die Heilung der gelähmten Kirche (nach Mk 2,1–12):

Die Kirche wirkt auf mich wie der *Paralytikos,* der halbseitig Gelähmte in Mk 2,1–12. Und wie dieser Querschnittgelähmte ist die Kirche darauf angewiesen, dass eine Handvoll Freunde sich nicht von dieser Lähmung anstecken lässt. Eine Handvoll Freunde, die die Vision haben, wir müssen sie nur Jesus bringen, und er wird helfen. Die Vision dieser Freunde muss so stark sein, dass sie sich von dem ersten Rückschlag nicht entmutigen lassen.

Manchmal ist der direkte und nahe liegende Weg halt versperrt, und man muss bereit sein, den anderen notfalls aufs Dach zu steigen und die vorhandenen Strukturen jedenfalls teilweise behutsam zu durchbrechen. Die Vision der Freunde, die glauben, dass dieser Querschnittgelähmte geheilt werden kann, ist stark genug, um sie solche Wege gehen zu lassen. Sie setzt Phantasie frei und sie schaffen es, wenn auch auf einem Weg, mit dem keiner gerechnet hatte, den Gelähmten vor Jesus zu bringen.

Und Jesus sieht die gelähmte Kirche an, weiß genau, was ihr fehlt, und sagt: „Dir sind deine Sünden vergeben!"

Alle Umherstehenden sind entsetzt, die Theologen, die Juristen, die Schaulustigen: „Wie kann der so etwas sagen? Das ist Gotteslästerung! Lieber Jesus, die Sünde war doch nicht unser Problem! Was die Kirche braucht, ist Geld und nicht Vergebung!" Aber Jesus sieht ihre Herzen an und sagt: „Damit ihr seht, dass ich Vollmacht habe, Sünden zu vergeben – steht auf und geh heim!"

Und die Kirche fängt an sich zu bewegen und steht auf und geht umher – vor aller Augen. So dass alle entsetzt sind und sagen: „Wir haben so etwas noch nie gesehen."

Natürlich wäre es völlig unangemessen, die Kirche aufzufordern, weniger übers fehlende Geld und mehr über den vorhandenen Glauben zu sprechen. Es gibt nun mal zahlreiche finanzielle Probleme, die es zu meistern gilt. Und wir brauchen dafür phantasievolle Finanzexperten und kluge Unternehmensberaterinnen, die uns dabei helfen. Aber wir müssen sorgfältig darauf achten, dass sich nicht der Teufel in unsere Finanzdebatten einmischt (vgl. Mt 4,1–11; Lk 4,1–13): „Das alles könnt ihr haben, ihr braucht nur mehr Geld!" Die Kirche lebt nicht vom Geld allein, und Geld entscheidet auch nicht, ob sie wächst oder zugrunde geht. Gott sei Dank!

Eine dünne Schicht

Ein gläubiger Mann kommt zum Rebbe und beklagt sich bitter über seinen Schwager: Seit der eine Erbschaft gemacht habe, sei er einfach nicht mehr der alte. Früher hätten sie sich gut verstanden, gemeinsam gearbeitet, gefeiert und gebetet. Doch jetzt rede der nur noch von seinem Geld, sei launisch und unerträglich geworden. „Lieber Rebbe, sag, wie kann das nur sein."

„Nun", sagt der Rebbe, nachdem er eine Weile geschwiegen hatte, „stell dich einmal ans Fenster und sieh heraus! Was siehst du?" „Ja", antwortet der, „ich seh den Marktplatz, viele Menschen und Kinder, die spielen." „Dann komm jetzt wieder her und blick in den Spiegel dort an der Wand, was siehst du da?" Der Mann tut wie ihm geheißen: „Was soll ich in dem Spiegel sehen? Ich seh nur mich selbst."

„Siehst du", sagt der weise Rebbe: „So ist das. Es braucht nur eine dünne Schicht von Silber und schon sehen wir nur noch uns selbst."

Möglicherweise hilft uns die Diskussion über die knapper werdenden Mittel ja auch wieder für den Blick auf das Wesentliche. Es ist mittlerweile eine Binsenweisheit, dass man nur dann vernünftige, strukturelle Entscheidungen treffen kann, wenn man vorher eine Strategie entwickelt hat. Der Grundsatz: „Die Strukturen folgen der Strategie." gilt in dieser Reihenfolge und nicht umgekehrt.[6] Wir haben in der Kirche leider oft den umgekehrten Weg beschritten. Immer wenn ein Defizit erkannt war, haben wir eine neue Struktur geschaffen oder eine Aufgabe verteilt.

> Als wir merkten, die Gemeindepfarrer können nicht mehr in einem ausreichenden Maß auch die Kranken in den Krankenhäusern besuchen, haben wir die Krankenhausseelsorge eingerichtet und bezahlt, dann die Schulreferentinnen und die Beratungsstellen. Ich erinnere mich noch gut, als wir dann im Kirchenkreis unser Defizit in der Öffentlichkeitsarbeit entdeckten. „Wir stehen zu schlecht in der Öffentlichkeit da, da muss etwas geschehen." Also stellten wir einen Öffentlichkeitsreferenten ein. Solange Geld da war, wurde nicht nach Zielen und Leitbildern gefragt, sondern Stellen eingerichtet. Wenn dann jemand auf einer solchen Stelle war, sollte er oder sie auch eine Konzeption erstellen, aber unklar blieb häufig, welche Ziele denn genau mit dieser Aufgabe verbunden waren, was erwartet wurde. Es fehlte letztlich die Strategie.

Nur wer Ziele hat, kann verantwortlich Entscheidungen treffen. Nur wer Prioritäten setzt, kann auch begründen, was zweitrangig ist. Und so schwer es fällt, eine Prioritätendiskussion hätten wir in der Kirche schon lange sehr viel intensiver führen müssen.

Allerdings muss auch jedem, der sich an der Spardiskussion beteiligt, klar sein: Wir reden ja nur oberflächlich über Geld und Prioritäten. Tatsächlich handelt es sich um ganze Bereiche kirchlicher Tätigkeit, von denen wir uns gerade verabschieden. Es handelt sich um Menschen, die arbeitslos werden, deren bisherige Tätigkeit plötzlich nicht mehr gebraucht wird, und wir amputieren uns in vielen Sparmaßnahmen geradezu selbst. Da

6 *„Structures follow strategy!"* – eine Erkenntnis, die mein Freund, der Marketing-Experte Klaus-Martin Strunk, nicht müde wird zu betonen.

kann es zynisch klingen, von Wachstum und Chancen durch Prioritätensetzung zu reden. Aber das darf uns nicht lähmen! Gott will in unserer Schwachheit mächtig sein (2 Kor 12,9), und er hat seine Kirche aus weniger wachsen lassen.

… auf den Punkt gebracht:

Wenn es nur um Geld ginge, hätten wir vielleicht Grund zu Resignation – wenn auch nicht im ökumenischen Vergleich, denn da geht es uns immer noch blendend, – aber es geht in der Kirche nicht nur ums Geld. Es geht um Glauben, Hoffnung, Liebe. Und diese Prioritäten setzt ein anderer!

Konkurrenz statt Kollegialität

Konkurrenz ist eines der dunklen Kapitel in der gegenwärtigen Kirchengeschichte, etwas, worüber man nicht spricht, weil es das eigentlich nicht geben dürfte. Und doch, fragt man in einem Pastoralkolleg zum Thema *Umgang mit Konflikten* eine Gruppe von Pfarrerinnen und Pfarrern, welches ihr Hauptkonflikt sei, nennen zwei Drittel Konkurrenzkonstellationen.

Konkurrenz ist ein Thema, das geradezu prädestiniert dafür ist, unter der Decke gehalten zu werden. Auf der anderen Seite besteht meines Erachtens die einzige Chance, es angemessen zu bearbeiten, wenn wir es offen legen, Konkurrenzsituationen transparent machen und lernen, konstruktiv damit umzugehen.

Biblisch gesehen gehört Konkurrieren oder in den Wettkampf mit anderen gehen durchaus von Anfang an zum Menschsein dazu. Es reicht von Kain und Abel über Esau und Jakob, Joseph und seine Brüder, Saul und David bis zum Rangstreit der Jünger darum, wer der Größte unter ihnen sei (Mk 9,33–35 par.) und der Zebedaidenfrage, wer der verdienstvollste sei (Mk 10,35–45; Mt 20,20–28). Jesu scharfe zweifache Zurechtweisung der miteinander konkurrierenden Jünger (Mk 9,35 und 10,43f: „Wenn jemand der Erste sein will, der soll von allen der Letzte sein und aller Diener.") mag der Grund dafür sein, warum Konkurrenz in der Kirche bis heute ein Tabuthema ist. Dabei verurteilt Jesus gar nicht das Konkurrieren der Jünger, sondern das Größer-Sein-Wollen und Herrschen-Wollen über die andern. Und Paulus fordert geradezu dazu auf: „Lauft in der Kampfbahn so, dass ihr den Siegespreis erlangt!" (1 Kor 9,24)

„Konkurrenz belebt das Geschäft!" so lautet ein bekanntes Marktgesetz. Und wir würden in der Kirche sicher keinen großen Schaden anrichten, wenn wir in der Qualität unserer Gottesdienste und im Niveau unseres Angebotes die gesamte Konkurrenz überbieten wollten. Mir hat beispielsweise immer sehr eingeleuchtet, dass ein Kindergottesdienst Sonntagmorgens zwischen 11.00 und 12.00 Uhr gleich wieder zumachen kann, wenn er sich nicht wenigstens messen will mit der *Sendung mit der Maus,* die zur selben Zeit im Fernsehen läuft.

In der Sache konkurrieren, aber menschlich einer des anderen Diener sein wollen, das wäre für mich ein Weg, der „den Schweiß der Edlen wert" wäre. Oder anders ausgedrückt, solange die Konkurrenz das Geschäft auch wirklich belebt und nicht lähmt, mag sie hilfreich sein. Wenn sie aber das Miteinander in der Kirche belastet, Teamarbeit verhindert, unfaire Schienenbeintritte einsetzt und Zusammenarbeit unmöglich macht, ist sie eine der größten Bremsen für Gemeindewachstum.

Der richtige Weg, vorhandene destruktive Konkurrenz zu überwinden, wäre, sie offen zu legen und zwischen den Konkurrenzparteien anzusprechen. Aus ihr heraus wird man jedoch nur finden, wenn die angestrebte Einigung erstens gemeinsam und zweitens für beide Parteien nicht mit persönlichen Niederlagen verbunden ist. Bei Konkurrenzsituation ergeben sich häufig typische Sieg-Niederlage-Konstellationen. Beide *wollen,* aber es *kann* nur einer gewinnen. Deshalb ist die zwischenmenschliche Situation sehr schnell festgefahren und tendiert in die Richtung, dass dann besser beide verlieren, als dass einer über den anderen triumphiert. Solche von mir hier nur theoretisch konstatierte Konkurrenzgeschichten zwischen zwei Pfarrern können eine ganze Gemeinde über Jahre lähmen. Es gibt Parteien, von denen jede für sich bemüht ist, ihren jeweiligen Standpunkt durchzusetzen. Lösungen lassen sich jedoch in der Regel erst finden, wenn die Konstellation für beide Seiten transparent gemacht worden ist und gemeinsam nach einer Lösung gefragt wird, bei denen beide einen Gewinn haben („Win-win-Konstellation"). Das wird nicht ohne Abstriche gehen, aber schon die Frage hilft ungemein: Was kann ich tun, damit mein *Gegner* davon einen Gewinn hat, und was erwarte ich von ihm für mich?

... auf den Punkt gebracht:

Konkurrenz ist menschlich und kann auch in der Kirche etwas Positives und Konstruktives bewirken. Sie kann, wenn es um die Sache geht, durchaus angebracht sein, doch wird sie dann unchristlich und zerstörerisch, wenn ich mich selbst über andere stelle. Wenn es in der Gemeinde nicht mehr um die Sache Jesu Christi, sondern um die Stellung Einzelner geht, dann erstickt jedes Wachstum schon im Keim. Hier hilft nur schonungsloses Aufdecken des Konkurrenzverhaltens und großzügiges gemeinsame Suchen nach Lösungen, die in gewisser Weise für beide Beteiligten einen Gewinn darstellen.

Falsche Sicherheiten und einseitige Schuldzuweisungen

„Wer möchte, dass die Kirche so bleibt, wie sie ist, will nicht, dass sie bleibt.“[7]

Das Kirchensteuersystem und die immer noch weit verbreiteten anderen volkskirchlichen Stützen wie Säuglingstaufe und Religionsunterricht könnten sich schneller als morsche Krücken erweisen, als uns lieb ist.

Wir können und sollten uns in Zukunft nicht mehr darauf verlassen, dass alles irgendwie so weiter geht. Es wird *irgendwie* weitergehen, aber nicht *so*! Unsere jahrhundertealte Tradition und unsere Geschichte werden uns nicht davor bewahren, mit dem veränderten Verhalten der Menschen in der Postmoderne umzugehen und damit zu rechnen, dass alles in Frage gestellt wird, was uns bisher lieb und wichtig war. Nicht einmal das christliche Wertesystem (Welches eigentlich?) wird die Gesellschaft und den Staat davon überzeugen, die Kirchen so geschützt zu belassen, wie sie zurzeit noch sind.

Ich will hier nicht menetekeln oder Untergangsstimmung verbreiten. Ich warne nur davor zu meinen, es würde noch Jahrzehnte dauern, bis unsere Kirchen vor einschneidenden strukturellen Veränderungen stünden. Nicht die Kirche Jesu Christi wird sich ändern, wohl aber die Strukturen ihrer Institutionen, an die wir uns so gewöhnt haben.

Es ist deshalb ein großes Hindernis für gemeindliches Wachstum, wenn wir statistisch den gegenwärtigen Zustand der Kirche in die Zukunft prolongieren. Egal ob unter mehr oder weniger negativen Vorzeichen – wir werden immer nur eine Variation des Gegenwärtigen als Resultat herausbekommen.

7 Es handelt sich um These 76 aus dem in unserem Zusammenhang sehr zu empfehlenden Buch von Klaus Douglass: Reformation. Die Formulierung stammt wahrscheinlich von Rob Warner: Kirche.

Stattdessen sollten wir Phantasie und Kreativität unseren Weg in die Zukunft bestimmen lassen und mit Gottes Geist Perspektiven für die nächsten Jahre entwickeln.[8]

Falsche Sicherheiten sind ebenso trügerisch wie falsche Schuldzuweisungen. Es sind nicht die Pfarrer an allem schuld, und die Krise der Kirche liegt auch nicht nur in der mangelnden Förderung des Ehrenamtes oder dem Rückgang der Kirchensteuer begründet. Wir haben keine noch nie da gewesene Glaubenskrise und brauchen auch keine neue Reformation. Ja, wir sind etwas träge und behäbig geworden, aber wir sehnen uns nach geistvollen Schritten nach vorne und inspirierenden Glaubenserfahrungen in unseren Kirchen. Einseitige Schuldzuweisungen führen nicht weiter, sondern lähmen und suggerieren Problemlösungen, die keine sind. Sie lenken vielmehr unseren Blick in die Vergangenheit und von uns selber und den vor uns liegenden Aufgaben ab. Wir sollten aufhören, die Krise der Kirche zu beschwören und um das goldene Kalb *Finanznot* unseren eigenen Todestanz zu tanzen.

Der Kirche Jesus Christi ist Wachstum und Zukunft verheißen, „darum lasst uns abtun, was uns träge macht, … und lasst uns laufen mit Geduld in dem Kampf, der uns bestimmt ist, und aufsehen zu Jesus, dem Anfänger und Vollender des Glaubens, …“ (Hebr 12,1b–2a).

8 Vgl. dazu etwa HANS-JÜRGEN DUSZA: Schritte.

… auf den Punkt gebracht:

Wir haben keinerlei Sicherheiten, nicht einmal hohe Wahrscheinlichkeiten, dass das, was in der Kirche an institutionellen Strukturen besteht, auch so bestehen bleibt. Wir haben aber die Verheißung, dass Gott selbst aus einem kleinen Samenkorn mehr wachsen lassen kann, als die natürliche Prognose dafür vorsieht. (Vgl. Lk 13,19; Mt 13,31f.)[9]

Deshalb sollten wir statt rückwärts orientiert einseitige Schuldzuweisungen vorzunehmen oder monokausale Erklärungsmodelle für die Krise der Kirche zu konstruieren, gemeinsam mit allen Kräften versuchen, die Faktoren zu minimieren, die Wachstum verhindern, und diejenigen Faktoren fördern, die es ermöglichen.

9 Es war den Evangelisten durchaus bewusst, dass normalerweise aus einem Senfkorn ein Strauch und kein Baum wächst. Die antiken Autoren waren nicht so von der Natur entfremdet wie ihnen das moderne Kommentatoren gerne unterstellen. Aber so verhält es sich eben mit dem Himmelreich: „Bei Gott ist nichts unmöglich!“ (Mt 19,26; Lk 18,27).

III. Herausforderungen der Zukunft

Die zukünftigen Herausforderungen für die Kirche sind gewaltig, aber nicht gewalttätig. Es geht uns immer noch gut, besser als vielen anderen. Wir haben Zukunft und müssen sie nicht erst machen. Wir sind zudem reichlich ausgestattet, um sie zu gestalten, und wir wissen, was zu tun ist. Eigentlich haben wir nichts zu befürchten.

Vielleicht sind wir aber zu träge geworden oder zu gelähmt von düsteren Prognosen und realistischen Hochrechnungen. Möglicherweise hindert uns auch unsere eigene Geschichte und bisherige Erfahrung.

Dennoch sollten wir als Kirche und auch persönlich nicht aufgeben, an das zu glauben, was uns verheißen ist: Befreiung in Christus und Stärke und Wachstum durch seinen Geist.

Es sind im Grunde zwölf einfache Prinzipien, die wachsende Gemeinden kennzeichnen. Ich habe versucht, sie möglichst präzise und anschaulich zu beschreiben. Es wird sicher nicht reichen, nur einige davon anzuwenden. Wir benötigen sie schon in ihrer Gesamtheit, – auch wenn es nicht unbedingt zwölf sein müssen und sie sicher auch anders benannt werden könnten. Ähnliches gilt für die sieben genannten Wachstumshemmnisse.

Was nun zu tun ist, ist *erstens* die Geschwindigkeit der Veränderungen zu begreifen. Wir haben nicht mehr Jahrzehnte Zeit, um uns auf die Herausforderungen der jetzt heranwachsenden Generation einzustellen. Es steht keine Revolution, auch keine neue Reformation an, aber es ist viel zu tun.

Zweitens müssen wir verstärkt den Übergang gestalten – von der Volkskirche des zwanzigsten Jahrhunderts zur Profilkirche des einundzwanzigsten Jahrhunderts.

Drittens müssen wir neues Vertrauen lernen und unseren Glauben vertiefen lassen, an den, durch den und auf den wir hin wachsen, Christus.

Die Geschwindigkeit der Veränderungen begreifen

Wer mit wachen Sinnen wahrnimmt, was in Gesellschaft und Politik geschieht, kann die Augen nicht davor verschließen, dass für die Kirchen das Schrumpfen und der Änderungsdruck schneller kommen werden als uns lieb ist. Dies bezieht sich aber keineswegs nur auf die finanzielle oder auch strukturelle Seite der anstehenden Veränderungen; auch die heranwachsende Generation selbst ändert sich so schnell, wie es kaum noch wahrzunehmen ist. Sie leidet dabei zugleich an ihrem eigenen Tempowahn, dem „Leben auf der Überholspur" und der damit verbundenen Beschleunigungsfalle. Wir können alles immer schneller und genauer und haben doch immer weniger Zeit.[1]

Wir können und dürfen uns nicht mehr damit abfinden, auf gesellschaftliche oder politische Veränderungen nur zu reagieren, sondern müssen anfangen, die Zukunft zu gestalten. Dafür benötigen wir Zeit, meinen aber, sie nicht mehr zu haben.

„Die Zeiten der Prioritätendiskussionen sind vorbei. Wir haben keine Zeit mehr für diesen Luxus. Die Zeit läuft uns davon. Zeit ist Geld." – Das sind ja durchaus Sätze, die gegenwärtig in kirchlichen Kreisen laut werden. Das Teuflische an ihnen ist, sie haben auch einen wahren Kern. Nur eines ignorieren sie geradezu sündhaft: Der Herr der Zeit, der die Zeit geschaffen hat, hat sie uns kostenlos zur Verfügung gestellt, damit wir arbeiten und ruhen, feiern und beten. Zeit haben wir also genug. Nur kein Geld! Oder – um es präziser zu benennen, – wenn die demografische Entwicklung sich so gestaltet wie es zurzeit anzunehmen ist, werden die Kirchen in 25 Jahren die Hälfte aller Einnahmen und ein Drittel ihrer Mitglieder verloren haben.[2]

1 Vgl. dazu OPASCHOWSKI: Wir werden es erleben, dort bes. 252–266.
2 Vgl. GUNDLACH: Wohin wächst die Kirche?

Ich will an dieser Stelle keine theologischen Sophistereien betreiben. Mir ist durchaus bewusst, wie ernsthaft die augenblickliche Finanzdiskussion geführt wird. Ich möchte nur den Blick ein wenig dafür freibekommen, dass wir uns eingestehen, wir werden der Geschwindigkeit der anstehenden Veränderungen mit den uns zur Verfügung stehenden Mitteln nicht wirklich angemessen entsprechen können. Wir werden Fehler machen und in vielen Fällen nur re-agieren können, wo wir – wenn wir weitsichtiger gewesen wären – hätten pro-agieren müssen. Wenn wir uns das selber einräumen, dann sollten wir uns immer noch anstrengen, das Richtige zu tun, um möglichst lange das Bestehende zu bewahren. Aber wir sollten es *nicht mit hundert Prozent* unserer Energie und zur Verfügung stehenden Ressourcen tun. Wir werden die Entwicklung so nicht aufhalten können. Wir können sie bestenfalls bremsen oder abfedern.

Deshalb, meine ich, sollten wir nicht alles, sondern nur etwa achtzig Prozent in die uns aufgenötigte Strukturreform und das möglichst lange Erhalten des Vorhandenen stecken und zwanzig Prozent in die innovative Gestaltung der Zukunft.

Wir haben von Gott geschaffene Zeit und von ihm geschenkte Ruhe. Etwas, was die Menschen unserer Zeit nicht haben. Wir haben Perspektiven für die Zukunft und großartige Verheißungen für die Gemeinde Jesu Christi. Wir sollten mindestens zwanzig Prozent unserer Energie darein stecken, den Übergang von der Volkskirche des zwanzigsten Jahrhunderts zur Profilkirche des einundzwanzigsten Jahrhunderts zu gestalten. Dabei sollten wir unsere kreativsten Köpfe, fähigsten Organisationsentwickler und geistliche Leiterinnen daran setzen, den Übergang zu gestalten und Pläne für die Zeit danach zu entwickeln.

... auf den Punkt gebracht:

Die Geschwindigkeit der anstehenden Veränderungen zu begreifen, heißt nicht, alles daran zu setzen, möglichst lang, möglichst umfassend, möglichst viel so weiterzumachen wie bisher. Das würde wahrscheinlich schneller zum Crash führen, als wir ahnen. Es heißt vielmehr, dem Herrn der Zeit zu vertrauen, dass er seine Kirche – wie auch immer – erhält.

Deshalb sollten wir wenigstens zwanzig Prozent der Energie und Ressourcen in die Gestaltung des Übergangs und die Entwicklung von Perspektiven für die Zukunft stecken.

Den Übergang gestalten

Wir befinden uns kirchlich gesehen in einer Übergangsphase. Dies muss akzeptiert und angenommen werden. Das volkskirchliche System wird sich in der derzeitigen Form nur noch wenige Jahre aufrechterhalten lassen. Die finanziellen Mittel zu seiner Erhaltung werden immer weniger, die Zahl der Kirchenmitglieder wird weiterhin sinken.

Es darf jetzt nicht der Fehler gemacht werden, alle finanzielle und personelle Energie darein zu stecken, ein zu Ende gehendes System möglichst unverändert möglichst lange zu bewahren. Dann fahren wir es nämlich mit Sicherheit gegen die Wand oder – schlimmer noch – gegen einen Eisberg. Die Folge eines solchen Kirchenbankrottes könnten Neugründungen von kleinen unverbundenen freien Gemeinden sein, da wo genug ehemalige Kirchenmitglieder sich bereit erklären, eine Pfarrer oder eine Pfarrerin und ein entsprechendes Versammlungsgebäude zu finanzieren.

Wenn wir das nicht wollen, müssen wir in der Kirche zukünftig erhebliche Anstrengungen unternehmen, den Übergang von der Volkskirche zu einem organisierten profilkirchlichen Modell zu *gestalten.* Kirchen wie die *Church of England* können uns dabei Vorbild sein.

Den Übergang gestalten auf gemeindlicher Ebene

Wir werden die Entwicklung der Volkskirche zur Profilkirche nicht aufhalten können. Sie kommt unabhängig davon, ob wir ihr widerstreben oder sie begrüßen. Unsere Chance liegt jedoch darin, diesen Übergang so zu gestalten, dass Wachstum möglichst wenig gehindert wird.

Es steht mir nicht zu, einer Gemeinde zu sagen, was sie tun soll, aber wenn sie mich fragen würde und um meine Meinung bitten, dann würde ich gerne folgenden Fahrplan anbieten[3]:

Suchen Sie nach einer Vision für ihre Gemeinde und lassen Sie sich gefangen nehmen von biblischen Hoffnungsbildern. Ermutigen Sie inspirierte Leiter und kreative Menschen, gemeinsam für Ihre Gemeinde auf die Suche zu gehen. Gott hat einen Plan für Ihre Gemeinde und wird Ihnen helfen, seine Vision für sie zu entdecken! Wenn Sie eine Vision haben, entwickeln Sie als Leitungsgremium daraus ein möglichst konkretes Leitbild, mit dessen Hilfe Sie dann Ziele festlegen und Maßnahmen zu ihrer Erreichung anstoßen.

Pflegen Sie die Beziehungen untereinander. Feiern Sie Feste, essen Sie gemeinsam, pflegen Sie gemeinsames Leben. Denn Sie haben mehr gemeinsam als einige Ziele. Sie teilen eine Vision! Lassen Sie Gottes Beziehung zu Ihnen sich in der Art widerspiegeln, wie Sie miteinander umgehen. Gemeindeglieder müssen nicht alle *befreundet* sein. Freunde sucht man sich aus. Aber bemühen Sie sich, im anderen Ihren Bruder oder Ihre Schwester, eben ein Kind Gottes wie Sie zu sehen.

Bilden Sie gezielt kleine Zellen. Eine gute Beziehungspflege ist nur in kleinen überschaubaren Gruppen möglich. Füreinander beten, miteinander trauern, voneinander lernen, das braucht einen geschützten und intimen Rahmen. Die Zellen bilden das Grundgerüst einer Pflanze. Je mehr Zellen, umso stärker das Wachstum. Aber sorgen Sie dafür, dass die Zellen keine geschlossenen Kreise werden, sondern offen bleiben für Zuwachs und Zellteilung. Stellen Sie die geistliche Begleitung und den Austausch untereinander sicher. Stärken Sie die Teams in der Gemeinde.

3 Für alle Gemeinden, die ihre Zukunft gestalten wollen, sei das ausgezeichnete Arbeitsbuch von Hans-Herrmann Pompe (Hg.): „12 Schritte für eine zukunftsfähige Gemeinde“ empfohlen zu dem Buch von Klaus Douglass: „Die neue Reformation“. In dem Arbeitsbuch finden sich zahlreiche konkrete Vorschläge, Ideen und gute Literaturempfehlungen.

Entwickeln Sie ihr Pfarr- und Gemeindebild im Miteinander der Funktionen und nicht im Gegenüber. Jedes Glied am Leib Christi hat eine wichtige Funktion. Einige werden für ihren Dienst freigestellt andere nicht. Wir glauben an das allgemeine Priestertum der Gläubigen. Nehmen Sie also Abschied von der Vorstellung, eine Pfarrerin oder ein Pfarrer könne allein eine Gemeinde leiten, für Wachstum sorgen oder gar Gemeinde bauen. Behandeln Sie als Gemeinde Ihre Pfarrerin als eine von Ihnen, und behandeln Sie als Pfarrer die Gemeinde nicht als Ihr Gegenüber oder Eigentum! Entwickeln Sie das Zusammenwirken von Ehren-, Neben- und Hauptamtlichen in dieser Haltung: Vom Gegenüber zum Miteinander, vom Ich zum Wir.

Entdecken Sie ihre Mission. Sie haben als Gemeinde einen Auftrag, der weit über die Beziehungspflege der Gemeindeglieder untereinander hinausgeht. Prüfen sie gezielt, wo Sie in ihrem Stadtteil, in Ihrer Gegend missionarisch oder evangelisierend tätig werden sollten. Degradieren Sie niemanden zum Missionsobjekt, aber bleiben Sie auch niemanden das Evangelium schuldig, der sich danach sehnt. Führen Sie regelmäßige Glaubenskurse durch.

Fördern Sie eine lebendige Gemeindekultur. Wenn Sie wirklich strategisch arbeiten wollen und Ziele haben, dann brauchen Sie auch eine Kultur in Ihrer Gemeinde, die das ermöglicht. Sorgen Sie für eine einladende Atmosphäre, die möglichst vielen Menschen möglichst viele Gelegenheiten zu Glaubenserfahrungen bietet. Zeigen Sie durch die Art, wie Sie Feste feiern, Räume gestalten, musizieren und zusammen essen und arbeiten, welcher Geist hier weht. Kein Geld, aber der Geist inspiriert Künstler und kreative Menschen, eine Kultur zu schaffen, die über sich hinausweist. Trainieren Sie, einander inhaltlich qualifizierte Rückmeldungen zu geben.

Blicken Sie in die Augen der Armen und begegnen Sie denen, die am Rand stehen, um Gott zu begegnen. Begnügen Sie sich nicht mit diakonischen Spenden, sondern halten Sie die Ohnmacht Ihrer eigenen Hilflosigkeit in der Begegnung mit Hilfsbedürftigen aus. Denn Gott ist in der Schwachheit mächtig.

Nehmen Sie sich als Gemeinde gezielt ein Projekt vor, dass Ihnen die persönliche Begegnung mit Armen, Gefangenen oder gesellschaftlich diskriminierten Menschen ermöglicht. Behalten Sie die an den Rand Gedrängten im Blick. Die Qualität einer Gemeinde misst sich daran, wie sie mit Jesu geringsten Geschwistern umgeht.

Wählen Sie Menschen in die Gemeindeleitung, die geistlich leiten können. Geistliche Leiter sind teamfähig und können Menschen ermächtigen, ihr Potential freizulegen. Sie haben eine Vision von der Richtung für die Gemeinde und streben nicht danach, andere zu kontrollieren oder zu beherrschen.

Feiern Sie lebendige Gottesdienste mit lebendiger Musik und lebendiger Verkündigung im ersten zweiten und dritten Programm. Haben Sie keine Scheu vor neuen Gottesdienstformen, sondern kultivieren sie die Formen, die die Menschen heute brauchen! Aber ob klassische Liturgie oder Thomasmesse – machen Sie ihre Sache gut!

Beten Sie miteinander und füreinander. Beten ist wie das Wasseraufsaugen von Pflanzen, die wachsen wollen. Ohne Gebet vertrocknen sie. Trauen Sie dem Geist Gottes zu, dass er Ihre Gemeinde wachsen lässt, und stärken Sie sich gegenseitig im Glauben.

Lassen Sie die Heilung beginnen. Wir müssen nicht in Sack und Asche gehen. Gott besteht nicht auf einer eindrücklichen Buße. Aber sein Segen will wirken, sein Geist heilen. Verzichten Sie nicht länger auf die Gelegenheit zu persönlichen Segnungen und auf heilsame Gottesdienste.

Zeigen Sie mit ihrer Gemeinde geistliches Profil. Machen Sie nicht alles, aber machen Sie das, was Sie machen, richtig gut. Was können Sie besser als andere? Wofür steht Ihre Gemeinde? Sorgen Sie dafür, dass bei Ihnen niemand seine Kräfte verausgabt, und jeder weiß, wer wofür verantwortlich ist. Wagen Sie Neues. Lassen Sie sich nicht von Sachzwängen, sondern von Ihrer Vision lenken.

Dieser *Fahrplan* soll kein Rezeptbuch sein oder unterstellen, dass Gemeinden diese Schritte nicht schon gehen würden. Er ist nur für den theoretischen Fall gedacht, dass mich jemand fragen würde und ich antworten sollte … Ich habe mir dabei allerdings – das gebe ich zu – eine Gemeinde vorgestellt, die noch am Anfang dieses Weges steht.

Den Übergang gestalten auf Kirchenkreisebene

Der mittleren Leitungsebene in den Kirchen wird in der Zukunft eine entscheidende Bedeutung zukommen. Hier muss die Vermittlung zwischen den strategischen Zielen der Landeskirche und den Leitbildern und Bedürfnissen der Kirche vor Ort geschehen. Landeskirchen und Kirchenkreise werden zukünftig Mittel für die Gestaltung des Übergangs von der flächendeckenden Volkskirche zur Profilkirche zur Verfügung stellen. Ich denke dabei immer noch hoffnungsvoll an zwanzig Prozent. Aber die Erarbeitung von Prioritäten und von Kriterien zur Auswahl dessen, was gefördert werden soll, kann nur in den Kirchenkreisen geschehen.

Die Entscheidungen darüber, welche ländlichen Gemeinden erhalten und welche zukunftsweisenden Projekte gefördert werden, wo City-Kirchen entstehen sollen und welche Funktionen mit Hauptamtlichen erfüllt werden, aber auch Stellenstreichungen, werden sich auf der Kirchenkreisebene vollziehen. Für diesen äußerst schmerzhaften Prozess wird in hohem Maß geistliche Leitung erforderlich sein, die nämlich eine Vision von der Richtung hat, in der diese Entwicklung geschehen soll, und die Kraft und den Mut dazu, in dieser Richtung zu wachsen. Und es wird viel Kommunikation und gut moderierte Prozesse brauchen, um die dafür notwendige Transparenz und Partizipation zu ermöglichen.

Die heterogene Struktur unserer Kirchenlandschaft lässt dafür ein sehr differenziertes Vorgehen und vor allem professionelle Unterstützung notwendig erscheinen. Alle Kirchenkreise sollten in den nächsten Jahren Stabsstellen einrichten, kleine Teams, die Gemeindeentwicklung vor Ort fördern und Ehren- und Hauptamtliche begleiten und schulen. Die Änderungen der nächsten Jahre werden in einer solchen Geschwindigkeit erfolgen, dass wir unsere besten Kräfte damit beauftragen sollten, die Leitungen vor Ort zu stärken und zu befähigen, die Veränderungsprozesse perspektivisch zu gestalten. Dabei sind persönliches Coaching, geistliche Begleitung und Organisationsentwicklung zentrale Aufgaben, die aufgrund ihres Umfangs nicht zentral, sondern eben nur vor Ort in den Kirchenkreisen erfüllt werden können. Ein weiteres wichtiges Desiderat wäre das intensive Training der mittleren kirchlichen Leitungsebene in Konfliktmanagement, Organisationsentwickung und Großgruppenmoderation.

Den Übergang gestalten auf landeskirchlicher Ebene

Alle Landeskirchen benötigen möglichst sofort:

- *Stabsstellen,* die den Übergang kreativ vordenken, mit Hilfe des göttlichen Geistes diesbezügliche Perspektiven entwickeln und die notwendigen Aktivitäten strategisch koordinieren.
- Eine *Personalplanung und -entwicklung,* die diesen Namen auch verdient und in der Lage ist, ihre Mitarbeiterinnen und Mitarbeiter nach Fähigkeiten und Kompetenzen einzusetzen und zu vermitteln, – gleichzeitig aber auch rechtliche Möglichkeiten schafft, sich von Mitarbeitenden zu trennen.
- *Kirchliche Bildungseinrichtungen,* die beauftragt und mit den Ressourcen dafür ausgestattet sind, zum einen die zukünftigen Inhaber kirchlicher Ämter so aus- und fortzubilden, dass sie unter den dann veränderten Bedingung gut arbeiten können, und zum andern kirchliche Bildungsangebote für Interessierte in hoher Qualität bereitzustellen. Hier werden Multiplikatoren ausgebildet, um die Leitungsteams vor Ort zu coachen und trainieren.
- *Spirituelle Zentren,* die der Vertiefung des Glaubens und der religiösen Begleitung aller derjenigen dienen, die mit der Kommunikation des christlichen Glaubens von der Kirche beauftragt sind, und die die Möglichkeit zur Einkehr und geistlichen Rekreation bieten.

- *Einrichtungen für Mission und Evangelisation,* die sich in Abstimmung mit dem Institut zur Erforschung von Evangelisation und Gemeindeentwicklung in Greifswald um zeitgemäße Formen der Glaubensvermittlung bemühen.
- *Kooperation und Koordinierung von Aktivitäten,* die im Ensemble mit anderen Landeskirchen möglich sind, verbunden mit dem Abbau von überflüssigen Parallelstrukturen.

Den Übergang gestalten auf EKD-Ebene

In der Erkenntnis, dass eine Prioritätenklärung für die zukünftige Gestalt der Kirche unerlässlich ist, haben sich der Rat der EKD und die Kirchenkonferenz auf folgenden Grundsatz geeinigt:

> „Nicht mehr die lange oder gute Tradition einer Aufgabe ist ausschlaggebend, sondern die zukünftige Bedeutung. Bei jeder finanziellen Unterstützung durch die EKD muss die Frage überzeugend beantwortet werden können, ob es für die Zukunft des Protestantismus in Deutschland von herausragender Bedeutung sei, diese Aufgabe fortzusetzen. Was würde der evangelischen Kirche fehlen, wenn es diese Aufgabe nicht mehr gäbe?“

Ein mutiger *zweiter* Schritt! Jetzt muss nur noch der erste Schritt folgen, nämlich die Entwicklung einer tragfähigen Vision. Wir brauchen für die Gestaltung des Übergangs eine Entwicklung von der Aufgabenorientierung hin zur Zielorientierung.

Alle evangelischen Landeskirchen sollten dringend für sich und gemeinsam klären, was ihre *Vision* von der Gestalt der Kirche in Deutschland ist. Weg von der reinen Aufgabenorientierung hin zur Orientierung an einer Vision und daraus abgeleiteten Zielen!

Es ist abzusehen, dass sich die östlichen Landeskirchen früher und die westlichen etwas später so nicht mehr werden finanzieren lassen können. Aber wie sieht der Übergang aus? Wird es einen kirchlichen Nordverbund und je einen für die Mitte und den Süden geben, werden VELKD und UEK gestärkt oder Analogstrukturen zu den Bundesländern entwickelt? Hier müssen von den Kirchenleitenden Visionen ausgetauscht und gemeinsame Leitbilder erarbeitet werden.

Ähnlich wie bei Behörden gilt jedoch auch für Landeskirchen die Schwierigkeit der Veränderung von sich selbst-erhaltenden Systemen. Zukunftsfähig wird die Evangelische Kirche in Deutschland jedoch nur sein, wenn sie statt auf Papiertiger mit all ihren Mitteln auf *eine starke evangelische Kirche in Deutschland* setzt und den Übergang dahin mit Hochdruck gestaltet. Dafür müssen dann allerdings neben dem guten Willen auch Geld und Personal zur Verfügung gestellt werden.

Alle evangelischen Landeskirchen brauchen ein gemeinsames *Dream-Team,* das Visionen für die Zukunft der EKD entwickelt und Vorschläge für die Gestaltung des Übergangs macht. Was soll in fünf bis zehn Jahren sinnvollerweise noch auf landeskirchlicher Ebene und was kann zentral verwaltet, organisiert und angeboten werden? Wo werden welche kirchlichen Bildungsinstitute, Tagungshäuser, Akademien und Einkehrhäuser finanziert? Welche Aufgaben sollen sie übernehmen? Wer führt den Dialog mit staatlichen Einrichtungen und anderen Kirchen und Religionen?

In der römisch-katholischen Kirche stehen andere Strukturveränderungen an. Doch auch sie steht vor der unausweichlichen Aufgabe, den Übergang von der Volkskirche zu einer Profilkirche zu gestalten. Dabei kann ihr der zurzeit grassierende fortschreitende Rückbau vorhandener Strukturen noch zum Fallstrick werden, wenn sie nicht stärker auf Wachstum und geistvolle Gestaltung der Zukunft setzt.[4]

Alle Kirchen in Deutschland sollten die rechtlichen und finanziellen Möglichkeiten für die Entwicklung von Profilgemeinden schaffen, die vom bisherigen Parochialsystem abweichen. Außerdem bedarf es unterschiedlicher Visionen für städtische und ländliche Gebiete.

4 Ich verweise noch einmal auf das herrliche Büchlein „Kirche umbauen – nicht totsparen“ des katholischen Pastoraltheologen PAUL M. ZULEHNER und seine übrigen Veröffentlichungen zu diesem Thema.

Der EKD-Oberkirchenrat Thies Gundlach entwickelt in seinem am 15. September 2004 vor dem Generalkonvent des Sprengels Stade gehaltenen Vortrag „Wohin wächst die Kirche? – Von der Generalzuständigkeit zu Zentren gelingender Kirchen" eine beeindruckende Vision von „Inseln gelingender Kirchlichkeit und blühender Spiritualität":[5]

Seine Ausgangsthese lautet: Zukunft hat die Kirche 2030, wenn es ihr gelingt, gegen die strukturelle Überdehnung der Gemeinden, die mit immer weniger Mitteln gezwungen sind, immer mehr zu leisten, gegenzusteuern. Dabei stellt er sich in der Stadt eine Konzentration auf „Kathedralkirchen" als „Inseln gelingender Kirchlichkeit" vor und auf dem Land zentrale „Leuchtturm-Dorfkirchen", die dort eine noch zu entwickelnde „ambulante Versorgung" garantieren.

Solche Inseln bleiben einerseits Parochiegemeinden … wachsen aber zugleich hin auf eine Profil- bzw. Personalgemeinde mit einem eigenen Netzwerk der Unterstützung, die mit ihrer Ausstrahlung, ihrer spezifischen Musik (von Gregorianik bis Rockpop) und mit ihren markanten theologischen Profilen Menschen aus der Region zu sammeln vermag. Sie werden von Teams geleitet und vom Gebet getragen. Mehrere solcher Inseln in einer überschaubaren Nähe zueinander bilden ein Ensemble, das sich koordiniert, unterschiedliche Profile entwirft, verschiedene Musik- und Glaubenssprachen spricht und daher die Menschen nicht gegenseitig abwirbt, sondern jeweils anderen Milieus geistliche Heimat bietet. Sie konzentrieren sich auf das geistlich-spirituelle Kerngeschäft. Der Sonntaggottesdienst wird lediglich ein verbreiteter Fall sein neben Musik-, Meditation-, Literatur-, Bild- und Filmgottesdiensten zu anderen Zeiten. Die Gottesdienstzeiten werden pluralisiert und den Tagesrhythmen der jeweiligen Milieus und Zielgruppen angepasst. Es sind Inseln der Gastfreundschaft und geistliche Einkehrhäuser berühmt für ihre Kindergärten und Hospize. Neben den Kirchräumen gibt es Schulen und Internate, wo exemplarisch kirchliche Bildungsarbeit stattfindet und akademieähnliche Angebote für die Menschen in der Region gestaltet werden.

5 Vgl. auch GUNDLACH: Prioritäten. Ich zitiere im Folgenden Thies Gundlach weitgehend wörtlich oder fasse zusammen. Zu der Idee des Übergangs von der Flächenversorgung zu qualifizierten kirchlichen Orten vgl. auch UTA POHL-PATALONG: Von der Ortskirche zu kirchlichen Orten. Die Bezeichnung „kirchliche Orte" soll statt der Unterscheidung von „Ortsgemeinden" einerseits und „Ämtern und Werken" andererseits verwendet werden. „Kirchliche Orte" bilden Ressourcen, die sowohl für ein vereins-

Kirchliche Verwaltung hat sich ähnlich wie die staatliche Verwaltung zu einem sich selbst erhaltenden und erweiternden System entwickelt. Aus Politik und Wirtschaft können wir jedoch lernen, dass mit der Größe einer Verwaltung nicht unbedingt deren Effizienz steigt. Wir benötigen aber dringend eine leistungsstarke Verwaltung, die die institutionelle Arbeit erleichtert und strukturiert. Dafür müssen wir in Zeiten knapper werdender Mittel Verwaltung verschlanken und auf das notwendige Maß reduzieren.

Da Maßnahmen in eine solche Richtung aber in aller Regel von der Verwaltung selbst nicht geleistet werden können, sollten wir qualifizierte Hilfe und Beratung von Außen in Anspruch nehmen.

Ich bin kein Verwaltungsexperte und möchte mir hier kein inhaltliches Urteil erlauben, aber zumindest einige hoffentlich nicht zu überspitzte, sondern anregend formulierte Fragen stellen:

- Wieso haben die evangelischen Kirchen in Deutschland immer noch kaum gemeinsame Computer-Programme zur Erfassung und Verwaltung ihrer Angestellten und Mitglieder? Und müsste der Datentransfer zwischen kirchlichen Einrichtungen, Kirchenkreisen und Landeskirchenämtern nicht besser funktionieren?
- Kirchliche Einrichtungen innerhalb einer Landeskirche bezahlen häufig andere kirchliche Einrichtungen für Dienstleistungen, was dann mit erheblichem Verwaltungsaufwand in zwei verschiedenen Haushalten verbucht wird. Diese innerkirchliche Verbuchung dient der Transparenz und der Information, wo welche Kosten anfallen. Aber ließen sich hier nicht zumindest in einigen Fällen die Verwaltungskosten für das Verschieben des Geldes von der rechten in die linke Hosentasche sparen?

ähnliches kirchliches Leben vor Ort als auch – organisatorisch getrennt – für inhaltliche Arbeitsbereiche genutzt werden können. An jedem „kirchlichen Ort“ soll es Gottesdienste geben, Kasualien nur nach Bedarf.

- Warum müssen Verwaltungseinheit und kirchliche Einheit eigentlich deckungsgleich sein? Braucht jeder Kirchenkreis eine eigene Verwaltung, oder gibt es ideale Größen, die gut zu verwalten sind?
- Warum streben die Landeskirchen keine gemeinsame Verwaltung an und legen Landeskirchenämter zusammen?

Vielleicht sind diese Fragen aufgrund mangelnder Sachkenntnis unangemessen gestellt. Darin bin ich mir unsicher. Sicher bin ich mir dagegen, dass eine effektive Verwaltungsreform nur mit Hilfe von externer Beratung erfolgen kann, und dass Verwaltungseinheiten nicht notwendig deckungsgleich mit kirchlichen Einheiten sein müssen. Ich glaube vielmehr im Gegenteil, dass wir in Zukunft eher *kleinere kirchliche Einheiten* schaffen müssen, also überschaubare Gemeinden, Dekanate, Kirchenkreise und Generalsuperintendenturen, in denen man sich kennt und geistliche Gemeinschaft pflegt; und andererseits *größere kirchliche Verwaltungseinheiten,* die mit möglichst wenig Aufwand und Parallelstrukturen möglichst effizient verwalten.

Eine wichtige und zukunftsweisende Aufgabe der Kirchenleitungen und ihrer Verwaltungen wird in den nächsten Jahren die Entwicklung eines eigenen von der staatlich eingezogenen Kirchensteuer unabhängigen Modells der Finanzierung sein. Nicht nur dafür wird es einige wenige, miteinander vernetzte kirchliche Verwaltungszentren geben, die in einer noch zu ermittelnden idealen Größe Dienstleistungszentren für die Kirchen sind. Die Größe und Zahl dieser Verwaltungs-Schaltstellen muss sich nach der wirtschaftlichen Effizienz und nicht nach Größe der zu bedienenden Landeskirchen richten.

... auf den Punkt gebracht:

Es gibt – wie ich meine – erheblich mehr zu tun, als den Rückgang der finanziellen Mitteln möglichst schmerzfrei zu gestalten. Gott legt die Zukunft seiner Kirche zwar nicht in unsere Hände (Gott sei Dank!), aber in unsere Herzen. Wir sollten deshalb beherzt und geistvoll, den Übergang so gestalten, dass wir auch noch in zwanzig Jahren stolz sind, in dieser Kirche unseren Dienst zu tun – auch wenn der dann ganz anders aussieht, als wir es uns momentan vorstellen können.

Den Gärtner entdecken

Als keine Rede mehr vom Wachstum sein konnte, im Angesicht des Todes, brach Maria in Tränen aus (Joh 20,11–18). Und als der auferstandene Christus vor ihr steht, hält sie ihn für den Gärtner. Doch Jesus nennt sie bei ihrem Namen und gibt ihr den Auftrag weiterzusagen, dass sie ihn gesehen hat. Maria hört auf zu weinen und tut, was ihr geheißen – mehr nicht. Aber das war der erste Schritt zum Wachstum der Kirche.

Es war nicht das erste Mal, dass jemand in dem Gärtner nicht Jesus erkannte. In Lk 13,6–9 erzählt Jesus das herrliche Gleichnis vom Feigenbaum, wo jemand kommt und drei Jahre lang „Früchte der Buße" sucht, aber keine findet. Was soll es?! Jeder Baum, der keine Frucht bringt, wird abgehauen und ins Feuer geworfen! Das hatte schon Johannes der Täufer gefordert (Lk 3,9). Eine Kirche, die nicht mehr wächst, … ?!

Aber der Gärtner in dem Gleichnis Jesu verhält sich merkwürdig – gegen jeden botanischen Sachverstand. „Gib ihm noch ein Jahr!" bittet er den Besitzer des Gartens. „Ich will für ihn sorgen, ihm Nahrung geben und das, was er zum Leben braucht. Vielleicht bringt er doch noch Frucht?!" Spätestens in dem letzten Satz des Gleichnisses gibt Jesus sich dann selbst als der Gärtner zu erkennen, nämlich als er sich – in der Antike undenkbar – weigert, den Befehl seines Chefs auszuführen: „Wenn aber nicht, so hau *du* ihn ab!"

Dieser Gärtner riskiert sein Leben, damit wir ihn an uns arbeiten lassen. Es wird höchste Zeit, dass wir aufhören zu jammern und ihn erkennen.

„Den Gärtner erkennen“, dass heißt, die Gleichnisse Jesu endlich wieder so zu lesen, wie er sie erzählt hat, nämlich als Bild für die Herrschaft Gottes und sein Wirken in Christus.

Weit verbreitet ist die moralisierende Deutung des Gleichnisses vom Schatz im Acker in Mt 13,44, bei der wir in den Kindern, der Gemeinde, dem Glauben oder wo auch immer einen Schatz entdecken und erwerben sollen. Sie funktioniert dann nicht mehr, wenn wir *den Gärtner erkennen.* Denn wir könnten ja auch *ihn* in dem Menschen erkennen, der auf dem Acker der Welt arbeitet und uns in ihr verborgen findet und alles gibt, was er hat, nämlich sein Leben, um uns zu erwerben.

Ähnliches gilt für Lk 16,1–9 (Das Gleichnis vom unehrlichen Verwalter). Bei einer moralisierenden Auslegung läuft es in der Regel darauf hinaus, dass wir mit unserem Geld besser umgehen und Schulden erlassen sollen. Eine solche Auslegung berücksichtigt nicht, *wem* das Geld in dem Gleichnis eigentlich gehört, und warum der unehrliche Verwalter *gelobt* wird. Bei einer Auslegung von der Frage her, wer der *Gärtner* ist, erkennen wir dagegen, dass Jesus sich selbst mit dem Schalksknecht meint, von dem sein Amt genommen wird, und der durch einen Griff in die mit Gnade reich gefüllte Kasse seines Herrn dessen Schuldnern Schulden erlässt, damit sie ihn „bei sich aufnehmen“.

Die Vision der Freunde des Gelähmten in Mk 2,1–12 ist das eine, sie hilft auch vorhandene Strukturen zu nutzen und sie phantasievoll an der richtigen Stelle zu durchbrechen. Aber Heilung kommt nur durch die Begegnung mit Christus, der sagt: „Dir sind deine Sünden vergeben. Steh auf, nimm dein Bett und geh in dein Haus.“

Das wünsche ich einer Kirche mit Zukunft, dass sie den Gärtner erkennt, der alles für sie getan hat und durch seinen Geist reichlich Wasser und Nahrung bereitstellt. In Taufe und Abendmahl könnte sie diese Entdeckungen machen.

Ich wünsche ihr, dass sie Freunde mit geistvollen und biblisch getränkten Visionen hat, die sie zu Christus führen.

Und ich wünsche ihr jemanden, der ihr die Tränen abwischt, sie bei der Hand nimmt und aufstehen lässt, damit sie allen erzählt, was sie erlebt und gesehen hat.

Ich wünsche der Kirche, dass in allen ihren vielfältigen Ausdrucksformen Christus erkennbar bleibt. Und ich wünsche ihr Wachstum – von ihm her und zu ihm hin.

Peter Böhlemann
im März 2005

Literatur

ABROMEIT, HANS-JÜRGEN/BÖHLEMANN, PETER/HERBST, MICHAEL/STRUNK, KLAUS-MARTIN (Hg.): Spirituelles Gemeindemanagement – Chancen, Strategien, Beispiele, Göttingen 2001.

ABROMEIT, HANS-JÜRGEN: Dem Glauben nicht die Hand abschlagen, in: Brennpunkt Diakonie, FS Rudolf Weth zum 60. Geburtstag, Michael Welker (Hg.) , Neukirchen-Vluyn 1997.

AMT FÜR MISSIONARISCHE DIENSTE DER EKVW, Dortmund (Hg.): Gottes Lust am Menschen – Kongress für kontextuelle Evangelisation 20.–23. September 1999. Dokumentation (Reihe „Aus der Praxis für die Praxis", Ausgabe 2000).

BAKER JONNY/GAY, DOUG (BROWN, JENNY): Alternative Worship, (Buch und CD-Rom), London 2003.

BÖHLEMANN, PETER: Biblische Visionen für die Gemeindeentwicklung, in: Die Bibel neu ins Spiel bringen, Peter Hennig (Hg.), Gütersloh 2002, 135–148.

BÖHLEMANN, PETER: Jesus und der Täufer. Schlüssel zur Theologie und Ethik des Lukas, MSSNTS 99, Cambridge 1997.

BÖHLEMANN, PETER: Simon und die schöne Anna – Mitmach- und Mutmachgeschichten aus der Bibel, Stuttgart/Leinfelden-Echterdingen 2002.

BOHREN, RUDOLF: Daß Gott schön werde – Praktische Theologie als theologische Ästhetik, München 1975.

COHEN, FLORETTE/SOLOMON, SHELDON/MAXFIELD, MOLLY/PYSZCZYNSKI, TOM/GREENBERG, JEFF (Hg.): Fatal Attraction. The Effects of Mortality Salience on Evaluations of Charismatic, Task-Oriented, and Relationship-Oriented Leaders, in Psychological Science 12/2004, 846–851.

DIETZ, THORSTEN: Marketing im Gemeindeaufbau?!, in Ichthys 35, 19. Jg., Marburg 2002, 18–35
DONDERS, PAUL CH.: Mitarbeiter fördern und fordern. Das Praxisbuch für Alltag und Beruf, Asslar 2001.
DOUGLASS, KLAUS/SCHEUNEMANN, KAI/VOGT, FABIAN: Ein Traum von Kirche. Wie ein Gottesdienst für Kirchendistanzierte eine Gemeinde verändert, Asslar 1998.
DOUGLASS, KLAUS: Die neue Reformation. 96 Thesen zur Zukunft der Kirche, Stuttgart 2001.
DUSZA, HANS-JÜRGEN: Schritte nach vorn – Wie Gemeinden Zukunftsperspektiven entwickeln, Bielefeld 2001.

EKD: Kundgebung der EKD-Synode 1999, in: Reden von Gott in der Welt. Der missionarische Auftrag der Kirche an der Schwelle zum dritten Jahrtausend, Hannover 2000.

FINNEY, JOHN: Finding Faith Today, London 1992.

GRÖZINGER, ALBRECHT: Die Kirche – ist sie noch zu retten? Anstiftungen für das Christentum in postmoderner Gesellschaft, Gütersloh 1998.
GUNDLACH, THIES: Prioritäten in der Finanzkrise, in: Zeitzeichen 3/2004, 26–29.
GUNDLACH, THIES: Wohin wächst die Kirche? – Von der Generalzuständigkeit zu Zentren gelingender Kirchen, Vortrag vor dem Generalkonvent des Sprengels Stade am 15. September 2004, http://www.evlka.de/sprengel/stade/texte/VortragGKStade.pdf.

HANSON, PAUL D.: Das berufene Volk. Entstehen und Wachsen der Gemeinde in der Bibel, Neukirchen-Vluyn 1993.
HAUSCHILDT, EBERHARD: Ist Mission Dialog? – Rückfragen an eine gutgemeinte These, PTh 92, 2003/7, 300–305.
HENDRIKS, JAN: Gemeinde als Herberge. Kirche im 21. Jahrhundert – eine konkrete Utopie, Gütersloh 2001.
HERBST, MICHAEL (Hg.): Emmaus. Auf dem Weg des Glaubens. Handbuch, Neukirchen-Vluyn 2002.
HERBST, MICHAEL: Missionarischer Gemeindeaufbau in der Volkskirche, Stuttgart 1987 ([4]1996).
HERBST, MICHAEL: Pastorinnen und Pastoren – ein Leitbild für das 21. Jahrhundert, in: DERS.: Und sie dreht sich doch. Wie unsere Volkskirche wieder zu einer Kirche für das Volk wird, Asslar 2001, 35–68.

HEYL, ANDREAS VON: Zwischen Burnout und spiritueller Erneuerung – Studien zum Beruf des evangelischen Pfarrers und der evangelischen Pfarrerin, Frankfurt a. M. 2003.
HOPKINS, BOB: Gemeinde pflanzen. Church Planting als missionarisches Konzept, Neukirchen-Vluyn 1996.

JACKSON, BOB: Hope for the Church. Contemporary Strategies for Growth, London 2002.
JOST, GERHARD/LIEBRECHT, MANFRED: Meine, deine, unsere Kirche (Arbeitsheft mit Kopiervorlagen zum Thema „Kirche"), Gelnhausen 1978.

KNIELING, RAINER: Wahrnehmung und Mission – Alternativen benennen und überwinden, PTh 92, 2003/7, 287–299.

LUTHERISCHES KIRCHENAMT DER VELKD: Allgemeines Priestertum, Ordination und Beauftragung nach evangelischem Verständnis. Eine Empfehlung der Bischofskonferenz der VELKD, Hannover 2004 (Texte aus der VELKD 130).

MEWES, WOLFGANG: Die kybernetische Managementlehre (EKS), Frankfurt a.M. 1985.
MISSION-SHAPED CHURCH: Church Planting and Fresh Expressions of Church in a Changing Context, London 2004.
MÖLLER, CHRISTIAN: Auf den Grenzen, in: LÄMMLIN, GEORG/ SCHOLPP, STEFAN (Hg.), Praktische Theologie der Gegenwart in Selbstdarstellungen, Tübingen 2001, 106ff.
MÖLLER, CHRISTIAN: Lehre vom Gemeindeaufbau, Göttingen 1987.
MORISY, ANN: Journeying Out. A New Approach to Christian Mission, London 2004.

NICOL, MARTIN: HOMILETIK. Positionsbestimmung in den neunziger Jahren, ThLZ 123 (1998) Nr. 11, 1049–1066.
NOSS, MICHAEL: Aufbrechen, verändern, gestalten. Auf dem Weg zu einer einladenden Gemeinde, Wuppertal 1999.
NÜCHTERN, MICHAEL: Die unheimliche Sehnsucht nach Religiösem, Stuttgart 1998.

OPASCHOWSKI, HORST: Wir werden es erleben. Zehn Zukunftstrends für unser Leben von morgen, Darmstadt 2002.

PASTORALTHEOLOGIE 91, 2002, Nr. 4: Mission?! – ein Reizwort in der praktisch-theologischen Diskussion, Göttingen 2001.

PLOCK, WILFRIED/KÄLBER, BERND: Die Natürliche Gemeindeentwicklung nach Christian A. Schwarz. Eine kritische Analyse, http:\www.kfg.org.

POHL-PATALONG, UTA: Von der Ortskirche zu kirchlichen Orten. Ein Zukunftsmodell, Göttingen 2004.

POMPE, HANS-HERRMANN: Der erste Atem der Kirche. Urchristliche Hausgemeinden – Herausforderung für die Zukunft. (Bausteine Gemeindeaufbau Bd.2) Neukirchen-Vluyn 1996.

POMPE, HANS-HERRMANN: Die neue Reformation. 12 Schritte für eine zukunftsfähige Gemeinde, Wuppertal 2004.

ROSCHKE, VOLKER (Hg.): Gemeinde pflanzen. Modell einer Kirche der Zukunft, Neukirchen-Vluyn 2001.

ROXBURGH, ALAN J. The Missionary Congregation, Leadership & Liminality (Christian Mission and Modern Culture), Harrisburg, Pennsylvania 1997.

SAINT-EXUPÉRY, ANTOINE DE: Die Stadt in der Wüste (Citadelle), Düsseldorf 1951.

SCHWARZ, CHRISTIAN A.: Die natürliche Gemeindeentwicklung, Emmelsbüll 1996.

SUNDERMEIER, THEO: Konvivenz als Grundstruktur ökumenischer Existenz heute, in: HUBER, WOLFGANG/RITSCHL, DIETRICH/SUNDERMEIER, THEO: Ökumenische Existenz heute 1, München 1986, 49–100.

VORLÄNDER, WOLFGANG: Gottes Gastfreundschaft im Leben der Gemeinde, Stuttgart 1999.

WARNER, ROB: Kirche im 21. Jahrhundert. Wer will, dass Kirche bleibt, wie sie ist, will nicht, dass sie bleibt, Asslar 1999

WARREN, RICK: Kirche mit Vision. Gemeinde, die den Auftrag Gottes lebt, Asslar 1998.

WELKER, MICHAEL: Kirche im Pluralismus, Gütersloh 1995.

ZIMMER, SIEGFRIED/SCHÜTZLER, GEORG: Nachteulen-Gottesdienste. Spirituelle Angebote für Kirchenferne, Stuttgart 2001.
ZIMMER, SIEGFRIED/SCHÜTZLER, GEORG: Spiritualität, die Kirchen füllt – Wohin gehen „Nachteulen“? Argumente, Geschichten und Phantasien für Gottsucher und solche, die es werden könnten, Gütersloh 1998.
ZULEHNER, PAUL M./LOBINGER FRITZ/NEUNER, PETER: Leutepriester in lebendigen Gemeinden. Ein Plädoyer für gemeindliche Presbyterien, Ostfildern 2003.
ZULEHNER, PAUL M.: Kirche umbauen – nicht totsparen, Ostfildern 2004.